2판

강점관점 해결중심 사례관리

노혜련 · 김윤주 공저

학지사

2판 머리말

최근 우리나라에서는 사례관리 실천이 사회복지의 공공과 민간 실천현장 모두에서 크게 확대되고 있습니다. 특히 공공에서도 사례관리 실천이 확대되면서 사례관리를 각 현장에 맞게 실천하는 방법에 대한 고민이 더욱 필요하게 되었습니다.

사례관리는 실천가와 이용자가 변화를 만들어 내기 위해 어떻게 협력하는지에 따라 실천의 결과에서 큰 차이가 나타납니다. 다행히도 많은 실천가가 강점관점 해결중심 사례관리를 이용자와 효과적으로 일하는 데 도움이 되는 방법으로 여기고 실천하려는 관심과 열정을 보여 주었습니다. 그리고 그 관심과 열정 덕분에 저희가 『강점관점 해결중심 사례관리』의 2판을 준비할 수 있었습니다.

저희는 초판에서 강점관점 해결중심 사례관리를 실천하는 데 필요한 기본 내용을 중심으로 서술하였습니다. 2판에서는 무엇을 더 소개할지 고민한 끝에, 해결중심 접근을 개발하신 故 김인수(Insoo Kim Berg) 선생님의 가르침을 그대로 전달하기로 의견을 모아, 선생님께서 알려 주신 유용한 방법을 부록에 실었습니다.

김인수 선생님께서 작고하신 지 13년이 흘렀지만, 항상 호기심 가득한 태도로 이용자를 따라가며 일하시던 모습을 떠올릴 때면 저희가 어떻게 하면 조금이라도 더 이용자 중심의 사례관리를 실천할 수 있을지 끊임없이 숙고하게 됩니다. 이 책이 이용자를 중심으로 일하려는 실천가 여러분께 필요한 실천방법을 제공하고, 이용자와 일하는 즐거움을 경험하는 데 도움이 되기를 바랍니다.

마지막으로, 故 김인수와 스티브 드 쉐이저(Steve de Shazer) 두 분 선생님 그리고 그동안 저희를 만나 주고 많은 것을 배우고 깨닫게 해 준 이용자와 실천가 여러분께 감사의 마음을 진합니다. 그리고 『강점관점 해결중심 사례관리』의 2판을 출판하는 데 도움을 주신 학지사 김진환 사장님과 편집부 여러분께도 감사드립니다.

2020년 2월

저자 일동

1판 머리말

2004년에 보건복지부 취약여성가구주 사례관리 시범사업을 시작한 뒤로 이제 10년이 되었습니다. 그동안 사례관리에 관한 관심이 많아져 지금은 공공, 민간 사회복지 등 거의 모든 사업에서 사례관리를 진행하고 있습니다.

보건복지부 시범사업 이전에는 사례관리 실천을 정신보건이나 재가복지 분야에서 부분적으로 시행했습니다. 아마 한국에서 처음으로 사례관리에만 집중한 사업이 보건복지부 시범사업일 것입니다. 당시 보건복지부 담당자는 사례관리를 하겠다고 하면 예산처에서 예산을 주지 않는다는 고충을 이야기하였습니다. 이때 솔루션센터는 강점관점 해결중심 사례관리를 제안하여 사례관리자에게 해결중심 접근을 훈련하고 슈퍼비전을 주면서 교육지원팀으로 일했습니다. 강점관점 해결중심 접근으로 진행한 사례관리 사업의 연구결과는 무척 고무적이었습니다. 이후 사례관리는 사회복지 분야에서 크게 주목을 받았고, 현재는 공공과 민간 어디서든 시행하는 사업이 되었습니다.

우리는 이 책에서 '강점관점 해결중심 사례관리'를 소개하려고 합니다. 이와 관련된 내용을 담은 책으로 2006년에 보건복지부와 솔루션센터에서 발간한 『강점관점 해결중심 사례관리 매뉴얼』이 있습니다. 많은 실천가가 그 매뉴얼이 현장에서 실제로 참고하면서 일할 수 있는 내용을 담고 있어 매우 도움이 된다고 하였습니다. 이 책에서는 독자의 의견을 반영해 매뉴얼에서 미처 다루지 못한 강점관점 실천과 해결중심 접근의 발달배경과 두 접근 간의 관계를 밝히고, 사례관리 시작부터 종결까지의 전 과정을 구체적으로 어떻게 진행하는지 축어록을 통해 보여 주며, 강점관점 해결중심 사례관리의 연구결과를 추가하였습니다.

해결중심 접근을 개발하신 故 김인수(Insoo Kim Berg) 선생님께서는 생전에 실천가에게 가장 좋은 선생님은 바로 이용자라는 이야기를 누누이 하셨습니다. 우리는 항상 그런 마음과 자세를 유지하는 것이 쉽지 않다는 것을 수없이 경험합니다. 강점관점 해결중심 실천에 관심을 가지는 모든 실천가도 역시 비슷한 경험을 할 것입니다. 그럼에도 강점관점 해결중심 접근은 우리에게 이용자를 존중하는 것이 얼마나 의미 있는 일인지 항상 일깨워 주고, 이용자가 원하는 것에 초점을 두고 일하는 것의 가치를 배우게 합니다.

독자가 지금까지 강점관점 해결중심 접근의 원리를 얼마나, 어떻게 실천해 봤는지에 따라 이 책에서 관심을 두는 부분이 각각 다를 것입니다. 우리는 이 책이 실천가가 이용자와 일하면서 무엇을 어떻게 해야 할지 궁금할 때마다 펼쳐 볼 수 있고, 각자 일하는 분야에서 이용자에게 좀 더 도움이 되며, 창의적으로 실천할 수 있는 아이디어를 제공할 수 있기를 바랍니다.

이 책을 쓰기까지 우리가 성장하고 배울 수 있게 해 주신 수많은 이용자와 실천가에게 감사의 마음을 전합니다. 그리고 이 책을 출판하게 해 주신 학지사의 김진환 사장님과 유명원 차장님을 비롯한 편집부 여러분께 감사드립니다.

2014년 9월

저자 일동

차례

제1장

강점관점 실천과 해결중심 접근

1. 강점관점 실천의 발달과정
2. 해결중심 접근의 발달과정
3. 강점관점 실천과 해결중심 접근의 관계

다친 달팽이를 보거든
도우려 들지 마라.
그 스스로 궁지에서 벗어날 것이다.
당신의 도움이 그를 화나게 하거나
상심하게 할 것이다.

하늘의 여러 시렁 가운데서
제자리를 벗어난 별을 보게 되거든
별에게 충고하고 싶더라도
그만한 이유가 있을 것으로 생각하여라.

더 빨리 흐르라고
강물의 등을 떠밀지 마라.
강물은 나름대로 최선을 다하고 있는 것이다.

- 장 루슬로(Jean Le Solleuz)의 「세월의 강물」 중에서 -

1. 강점관점 실천의 발달과정

'강점관점'이라는 용어는 1989년 와이크, 랩, 설리번과 키스타트(Weick, Rapp, Sullivan, & Kisthardt, 1989)의 논문을 통해서 처음으로 사회복지학[1] 계에 알려졌다. 그 논문에서 저자들은 문제와 병리에 초점을 두는 사회복지 실천이 어떻게 사회복지 가치와 불일치하고, 실천과정에서 어떤 어려움을 초래하는지 설명하면서 그 대안으로 강점관점 실천을 제시하였다. 이어 1992년에는 데니스 샐리비(Dennis Saleebey) 교수가 미국 캔자스 대학교(University of Kansas) 교수의 글을 주로 모아 편집한 강점관점 실천의 대표적인 저서『*The Strengths Perspective in Social Work Practice*』를 처음 발간하였다(Saleebey, 1992).

강점관점 실천의 시초는 1982년 미국 캔자스 대학교 교수 찰스 랩(Charles Rapp)이 만성정신장애가 있는 사람을 병원에 장기간 입원시키는 대신 지역사회에 적응해서 살게 도우려는 목적으로 수행한 사례관리 서비스 시범사업에서 찾을 수 있다. 그 당시 사례관리 서비스는 이용자를 공식적인 지역사회 정신건강 서비스에 연계하는 일을 주로 하였다. 하지만 랩 교수와 박사과정 학생인 로나 체임벌린(Ronna Chamberlain)은 그러한 일만으로는 달성하고자 하는 목표(예: 지역사회 거주와 독립적인 생활, 취업, 여가생활 영위 등)를 달성할 수 없다고 생각하였다. 그래서 사업을

1) 미국에서는 대부분 사회사업학(social work)과 사회사업가(social worker)라는 명칭을 사용하는데, 우리나라에서는 주로 사회복지학과 사회복지사라는 명칭을 사용하므로 여기서도 후자를 사용한다.

통해 목표 달성에 좀 더 적합한 실천 요소가 무엇인지 밝혀내려고 하였으며, 그 과정에서 가장 중요한 개념을 개인과 지역사회의 강점이라고 보았다.

그 당시 실천가는 대부분 정확한 진단과 치료를 강조하는 정신역동 모델을 적용하였고, 이용자를 주로 사무실에서 만났다. 또한 이용자와 일할 때 전문적인 권위를 유지하는 것이 중요하다고 생각해서 주로 전문 용어를 사용하였다. 체임벌린의 지도하에 학부와 석사과정의 사회복지학과 실습생과 진행한 시범사업에서는 실습생에게 의도적으로 만성정신장애가 있는 이용자의 진단명을 가르쳐 주지 않았다. 실습생은 이용자 가정을 방문하고 지역사회를 찾아다니며 개인과 환경의 강점을 활용해 이용자가 직접 세운 목표의 달성에 필요한 도움을 제공하였다. 사업을 진행하면서 연구자와 실습생은 이용자가 자신들이 생각했던 것보다 훨씬 많은 일을 해내고 있다는 것을 발견하였다. 의뢰 시 재입원이 확실하다고 판단된 이용자 중 다수는 병원 밖에서 잘 지냈고, 이용자는 사례관리자와 직장을 찾고 친구를 사귀며 독립해서 사는 것에 관해 이야기하곤 하였다. 하지만 팀 회의 때 사례관리자가 이러한 이야기를 하면 매우 놀라워하는 실천가도 있었지만 주로 순진하다고 비웃거나 심각한 정신장애의 특성을 설명하면서 훈계하곤 하였다. 사례관리자는 이용자에게 도움이 된 것과 도움이 되지 않은 것에 관해 물었고, 서비스를 통해 역량이 강화되었다거나 강점사정을 할 때 자존감이 높아졌다는 답을 기대하였다. 그러나 그들은 가구를 재배치하고, 하루를 좀 더 체계적으로 계획하게 도와준 것, 함께 식사를 준비해 준 것 등 매우 실용적인 일이 도움이 되었고, 그 결과 자기 생활을 좀 더 잘 관리하고, 자신을 좀 더 긍정적으로 생각하게 되었다고 말하였다. 이용자가 이야기한 목표에 초점을 맞춰 사례관리를 진행하자, 그들은 서비스를 받기만 하는 사람이 아니고 그 과정을 이끌어 가는 주체가 되었다. 이러한 경험을 통해 이용자를 권리와 책임감 있는 시민으로 존중하는 것이 얼마나 중요한지 깨닫게 되었다. 그리고 이것이 지금까지 해 왔던 실천의 모든 측면을 새롭게 검토하고, 세상을 바라보는 시각이나 문제를 해결하는 방법이 기존 실천과는 완전히 다른 패러다임으로 전환케 하는 강점관점 실천을 시작하는 계기가 되었다(Rapp, 1998).

이후 강점관점 실천은 이용자의 문제나 병리적인 측면에 초점을 맞추고 그 문제를 없애려고 하는 전통적인 문제 중심 실천방법이 사회복지 가치와 일치하지 않고, 그 효과에도 한계가 있다는 반성과 문제의식을 가지고 계속해서 변화의 필요성을 제기하면서 그 철학과 원리를 발전시켜 나갔다(Weick et al., 1989). 특히 사회복지 실천에 뿌리를 두는 강점관점 실천은 개인과 가족의 강점뿐 아니라 이웃과 지역사회, 조직 등 이용자를 둘러싼 환경이 가진 강점과 자원의 중요성·가치를 발견하는 데 이바지하였고, 사회복지 분야뿐 아니라 다른 인접학문에까지도 영향을 미쳤다(Weick, Kreider, & Chamberlain, 2006).

이와 같이 강점관점 실천은 초기부터 기존 사회복지 실천의 문제와 실천가가 문제보다는 강점에 초점을 맞춰야 하는 이유, 이용자와 가족, 지역사회의 강점과 변화능력을 파악하는 방법, 이들과 협력해야 하는 이유를 설명하면서 원칙과 철학을 정리해 나가는 데 많은 노력과 열정을 쏟았다. 그 결과 강점관점 실천에 관한 글에서는 주로 강점관점 실천을 해야 하는 이유와 이용자를 바라보는 관점, 이용자와 맺는 관계의 특성 등 실천과정에서 준수해야 할 핵심 원칙과 그 당위성을 자세히 설명하고 있다.

그러나 강점관점 실천을 현장에서 제대로 적용하는 데에는 어려움이 있다(박선영, 2013). 그 중요한 이유 중 하나는 강점관점 실천에는 구체적인 방법론이 없기 때문이다(노혜련, 2013). 실제로 강점관점 실천은 주로 철학과 가치, 관점의 차원에 머무르고 있어 사회복지 실천현장에서 이용자와 일할 때 사용하는 실천방법을 제공해 주지는 못한다고 지적받고 있다(De Jong & Miller, 1995; Greene et al., 2006).

강점관점 실천은 패러다임의 전환, 즉 이용자와 실천지식의 특성과 실천과정에 대한 시각이 근본적으로 전환되어야 한다는 것을 의미한다. 그렇지만 주로 이용자의 문제에 초점을 둔 전통적인 지식체계와 실천방법에 익숙한 실천가가 강점관점으로 전환한다는 것은 쉽지 않은 일이다(Blundo, 2006). 보통 실천가가 '무력하고 무능해 보이거나' '아동학대나 가정폭력'과 같이 심각한 문제 행동을 한 이용자를 만나면 당연히 실천가의 관점에서 보호해 주고, 이끌어 주며, 교육하고, 변화시켜야 한다고 생각하기 쉽다(노혜련, 2013). 그러다 보니 강점과 이용자 중심으로 전면적인 패러다임의 전환이 이루어지지 않은 상태에서 단순히 사정과정에서 강점을 추가로 알아보거나, 대화에서 칭찬하거나 강점에 관해 이야기하는 것을 강점관점 실천으로 착각하는 경우가 종종 있다(Blundo, 2006). 머리로나 말로는 강점관점 실천을 한다고 하지만, 구체적인 방법론에 관한 교육과 훈련, 슈퍼비전 없이는 그것을 실천하기 어렵다. 실천가가 강점관점 실천이 실제로 가능하다고 믿으려면 그렇게 실천하는 데 필요한 손과 발, 즉 방법론을 가지고 직접 체험해 봐야 한다(노혜련, 2013). 따라서 강점관점 실천이 더 큰 힘을 발휘하려면 구체적인 방법론이 있어야 한다. 그럼에도 강점관점 실천은 사회복지 실천이 강점관점 패러다임으로 전환해야 할 필요성과 원칙을 설득력 있게 설명함으로써 사회복지학계와 실천현장의 혁신에 크게 이바지하고 있으며, 그 중요성은 아무리 강조해도 지나치지 않을 것이다.

2. 해결중심 접근의 발달과정

해결중심 접근은 한국에서 대학을 마친 후 1957년에 미국으로 건너가 사회복지사가 된 김인수(Insoo Kim Berg)와 남편인 스티브 드 쉐이저(Steve de Shazer)를 중심으로 모인 실천가들이 BFTC(Brief Family Therapy Center)라는 싱크 탱크(think tank)에서 귀납적으로 개발한 접근이다(Malinen, 2001). 해결중심 접근은 원래 1970년대 초부터 그 당시 혁신적인 가족치료로 주목받던 MRI(Mental Research Institute)의 단기가족치료를 미국 위스콘신 밀워키에 재현하려는 목적으로 시작했기에 처음에는 단기가족치료라는 이름을 사용하였다.

해결중심 접근은 개발과정에서 밀턴 에릭슨(Milton Erickson)과 그레고리 베이트슨(Gregory Bateson) 그리고 MRI의 영향을 가장 크게 받았다(Visser, 2013). 스티브 드 쉐이저에 따르면 해결중심 접근은 밀턴 에릭슨에서 시작하여 그레고리 베이트슨과 MRI의 치료자 · 사상가를 통해 나온 전통에 뿌리를 두고 있다(Campbell, 2010). 먼저 에릭슨(1967)은 환자를 매우 독특하게 치료하는 유능한 정신과 의사였다. 그는 현재와 미래에 초점을 두고, 돕는 과정에서 환자가 이미 가지고 있는 것을 존중하고 활용하였다(de Shazer, 1984: 3에서 재인용). 그는 병리나 진단에 관심이 없었고, 문제의 원인이나 무의식에 대한 통찰이 치료에 도움이 된다고도 믿지 않았다. 그는 환자의 문제가 급성이건 만성이건 간에 그들의 자원과 능력, 인격과 변화 가능성에 대한 깊은 믿음이 있었고, 환자 행동의 긍정적인 측면을 강조하면서 변화를 촉진하였다. 치료는 오래 걸릴 필요가 없고, 환자가 시작한 작은 변화는 더 큰 변화로 이어진다고 믿었다. 그는 환자가 원하는 작고도 단순하면서 구체적인 변화를 치료목표로 삼았고, 자신은 최소한으로 관여하면서도 지속할 수 있는 변화가 이루어지게 하였다. 그의 치료는 정형화되기보다는 이용자에 따라 매우 유연하게 이루어졌다(Cade, 2007; Haley, 1986). 이러한 에릭슨의 생각과 방법은 MRI와 해결중심 접근의 근간이 되었다.

두 번째로, 그레고리 베이트슨은 체계이론과 인공두뇌학(cybernetics)에 관해 저술한 영국의 인류학자였다. 그는 사람은 누구나 자기가 속해 있는 사회체계 안에 있는 다른 사람과 상호 의존적인 관계에 있으므로 문제의 발생과 해결도 사회체계 안에서 이루어진다고 하였다(Bateson, 1972). 그리고 변화에는 실제로 무엇인가를 달라지게 하는 변화(differences that make a difference)와 차이를 못 느끼게 하는 변화(changes that do not make a difference)가 있는데, 후자는 변화가 너무 작아 달라진 것을 느끼지 못해서 이전과 똑같다고 착각하지만 실제로는 변화가 일어난 경우라고 설명하였다(Bateson, 1979, de Shazer, 1984: 3에서 재인용). 이러한 생각은 이용자를 둘러싼 사회 환경의 중요성과 이용자의 생활에서 변화가 늘 일어나고 있다는 사실을 인지하게 해 해결중심 접근의 발전에 큰 영향을 미쳤다.

마지막으로 해결중심 접근의 개발에 중요한 역할을 한 기관은 미국 캘

리포니아 팔로 알토에 위치한 MRI다. MRI 치료자는 에릭슨의 생각과 치료방법을 새로운 개념과 치료전략에 연결함으로써 그것을 재조명하는 역할을 하였다(Miller, 1997). 그들은 이용자가 지금 겪는 문제의 원인과 해결방법을 현재에서 찾을 수 있다고 생각하고, 아동기나 문제의 원인과 심각성에 관해 많이 이야기할 필요가 없으며, 문제는 이용자가 무의식중에 그 문제를 유지하는 무엇인가 잘못된 행동을 해서 생기는 것이라고 믿었다. 따라서 치료목표는 이용자가 무엇을 잘못하고 있는지 발견하여 그것을 그만두고 뭔가 다른 행동으로 대체하도록 설득하는 것이었다(Haley, 1976, Visser, 2013: 11에서 재인용). MRI 모델에서 치료는 이용자의 문제를 해결하는 것을 의미하였고, 그 목적을 위해 치료자는 치료를 적극적으로 이끌어 갔으며, 이용자에게 문제 행동 패턴을 변화시키기 위한 과제를 주고 이용자의 상황을 재명명하거나 새로운 관점을 제공하는 것이 MRI의 중요한 기술이었다(Malinen, 2001).

사실 해결중심 접근을 개발한 초기 실천가들은 MRI를 밀워키에 재현하는 것이 목적이었다. 그러나 그들은 그 과정에서 치료에 효과가 있는 것이 무엇인지 발견하는 것을 가장 중요하게 여겼다. 이들은 실험과 연구를 수없이 반복하였고, 1980년에 이르러 MRI의 단기가족치료와는 다른 패러다임을 토대로 한 방법을 개발하면서 1982년에는 공식적으로 해결중심 단기치료(Solution Focused Brief Therapy)라는 명칭을 사용하기 시작하였다(de Shazer & Berg, 1997).

초기 해결중심 실천가들은 어떤 특정 이론으로 시작하기보다는 이용자에게 좀 더 효과적으로 그리고 좀 더 빨리 도움을 주는 실천가가 되려는 일념에서 실제로 이용자에게 도움이 되는 실천방법을 알아내려고 하였다. 상담실에 일방경과 비디오카메라를 설치하여 이용자와 면접하는 세션을 팀으로 관찰하고 녹화하였으며, 그것을 수백 번 반복해서 보면서 토의하고 연구하여 발견한 내용을 실천에 다시 적용해 보고, 도움이 되는 방법이라는 확신이 들면 정리해서 글로 발표하였다(Berg & Wheeler, 2006; de Shazer & Molnar, 1984; Visser, 2009). 이들은 이용자가 자기 문제 해결을 위해 이미 하고 있는 것과 이용자가 원하는 변화가 무엇인지, 변화가 이루어지면 그들 삶이 어떻게 달라질지, 그리고 이용자는 그 변화를 이루는 데 무엇이 필요하다고 보는지에 점점 더 관심을 두었다. 문제와 실패했던 경험보다는 해결이 되었을 때의 모습을 알아 가는 데 초점을 두자, 변화는 이용자의 문제나 그 원인을 몰라도 가능하다는 것을 깨닫게 되었고 이용자를 자기 삶의 전문가로 보기 시작하였다(Cade, 2007). 해결중심 접근이 발전하면서 이용자의 의견과 반응은 점점 더 중요한 기준이 되었다. 이들은 이용자가 긍정적인 변화로 이어지는 방법이라고 이야기할 때마다 그 방법을 유용한 것으로 받아들였다. 실천에서 '효과가 있는 것'은 이용자가 도움이 된다고 하는 것과 같은 것으로 간주하였다. 그런 과정을 통해 축적한 지식과 방법은 MRI의 실천방법과는 달랐다(Berg & Wheeler, 2006; Visser, 2013).

MRI 모델에서는 문제를 계속 유지하는 것이 무엇인지를 파악하고 그 패턴을 끊기 위해 실천가가 전략적으로 고안한 처방을 적용하는 것이 주를 이룬다면, BFTC에서는 이용자가 원하는 변화가 무엇인지를 함께 찾아가고, 그러한 변화가 이미 조금이라도 일어났을 때가 언제인지 발견하며, 그러한 일이 더 많이 일어나도록 돕는 것이 주를 이루었다. 즉, 문제에 초점을 맞추고 실천가가 주도해서 문제를 해결해 나가는 문제 중심,

전문가 중심의 패러다임에서 해결책에 초점을 맞추고 이용자가 이미 잘 하고 있는 부분, 즉 강점과 자원을 활용해서 이용자 자신이 원하는 해결책을 이루어 나가도록 돕는 해결중심, 이용자 중심의 패러다임으로 전환하였다.

최근 깅그리치와 피터슨(Gingerich & Peterson, 2013)이 전 세계의 해결중심 접근 효과에 관한 연구결과를 체계적인 질적 연구를 통해 분석한 결과, 해결중심 접근은 다양한 행동이나 정서 문제 해결에 긍정적인 영향을 미칠 뿐 아니라 그 효과가 다른 접근보다 단기에 나타나므로 비용 효과가 크다는 것을 발견하였다. 가족치료로 시작한 해결중심 접근은 이제 개인과 가족, 집단상담뿐 아니라 조직(De Jong & Berg, 2004)과 기업 운영(Jackson & McKergow, 2004), 학교교육(Mahlberg & Sjoblom, 2004) 등 중요한 인간관계가 이루어지는 모든 곳에서 효과적으로 활용되고 있다. 그러면서 명칭도 해결중심 단기치료보다는 해결중심 접근이라고 사용하는 것이 더 적절해졌다.

해결중심 접근은 질문기법으로 가장 널리 알려져 있다. 그러나 김인수는 "해결중심 접근은 기술이 아니라, 결국 모든 것을 움직이는 힘의 근원인 이용자에게서 기꺼이 배우고자 하는 자세와 겸손한 마음이다. 해결중심 접근은 우리 실천가에 관한 것이 아니라 이용자, 곧 그의 삶 그리고 그 삶을 어떻게 더 나은 것으로 만들지에 관한 것이다. 그것이 가장 중요한 부분이라고 생각한다."(Berg & Wheeler, 2006: 6)라고 하면서 해결중심 접근의 정신을 강조하였다.

3. 강점관점 실천과 해결중심 접근의 관계

앞서 살펴본 바와 같이 강점관점 실천과 해결중심 접근은 매우 다른 과정을 통해 발전하였다. 강점관점은 사회사업에서 그 근원을 찾을 수 있는데, 개인과 가족의 강점뿐 아니라 이웃과 지역사회, 조직 등과 같이 이용자를 지원하는 환경의 강점과 자원을 더 강조한다. 강점관점 실천은 지금까지 당연시해 왔던 실천의 모든 것을 재검토하면서 기존의 사회복지 실천이 가진 문제와 사회복지 가치에 부합하는 실천을 위해 그것이 어떻게 달라져야 하는지 이야기하면서 그 필요성이 제기되었다. 강점관점 실천은 사람에게 내재된 무수한 자원을 발견하고 그 가치를 인정하게 하는 데 이바지했을 뿐 아니라, 개인과 가족, 이웃, 지역사회를 서로 연결하는 다리 역할을 함으로써 개인적 자원과 그보다 좀 더 광범위한 사회적 · 물리적 환경에서 발견할 수 있는 자원 간의 상호작용에 관한 이해를 도모하였다. 또한 이용자가 가족과 이웃, 지역사회의 힘과 지원을 받도록 돕고, 억압적인 정책으로 피해를 본 집단의 옹호를 위해 노력하는 오랜 사회복지 가치에 뿌리를 두고 있다(Weick et al., 2006). 이렇게 강점관점 실천은 초기부터 기존 사회복지 실천의 문제점과 강점관점 실천의 당위성, 원리, 철학을 설명하는 데 주력하였다.

반면 해결중심 접근은 오로지 이용자가 원하는 변화를 가장 효과적으로, 그리고 가장 빨리 이루게 하는 데 관심이 있는 실천가들이 귀납적으로 개발한 결과물로, 이용자가 원하는 변화를 만들어 나가는 데 도움이 되는 다양한 방법론을 축적할 수 있었다. 그리고 이러한 방법을 축적해 나가면서 이용자는 결국 자신이 원하는 변화를 만들어 낼 능력이 있는 존재이자 자기 삶의 전문가라는 것을 인식하게 되었고, 그것을 믿고 존중해야만 변화과정에 동참할 수 있다는 것을 확인하여 철학과 정신이 방법론만큼 중요하다는 것을 알게 되었다.

이 지점에서 강점관점 실천과 해결중심 접근이 만나게 된다. 강점관점 실천은 처음부터 철학과 원리를 중심으로 발전하였고, 해결중심 접근은 철학이나 원리보다는 이용자를 돕는 방법을 개발하는 데 초점을 맞춰 발전하였다. 그러나 둘 다 이용자의 문제 해결 능력을 믿는다는 점에서 기존 접근과는 완전히 다른 패러다임을 지향한다. 해결중심 접근은 실천가와 이용자가 빨리 문제에서 벗어나 원하는 변화로 전환하게 돕는 방법론을 개발하였다. 해결중심 접근에서 개발한 구체적인 전략과 방법은 철학과 원리를 중심으로 한 강점관점 실천에 부족한 손과 발을 제공해 준다. 따라서 강점관점 해결중심 사례관리는 바로 강점관점 실천과 해결중심 접근의 공통 원리를 기반으로 하고, 해결중심 접근의 구체적인 방법을 활용해 실천하는 사례관리다.

강점관점 해결중심 사례관리에서는 이용자의 변화는 사회복지사의 전문성이 아니라 바로 이용자 자신이 만들어 낸다고 믿는다. 그래서 사회복지사는 이용자가 원하는 변화를 알아보고, 그 변화를 이루어 내는 데 필요한 이용자의 강점과 자원을 발견하여 육성 · 개발하는 데 초점을 맞춘다(보건복지부, 솔루션센터, 2006; Saleebey, 2006). 이는 강점관점 해결중심 사례관리가 문제에 초점을 둔 기존 실천방법을 그대로 유지하면서 또 다른 모델이나 개입 절차를 추가하는 절충적인 실천이 아니라, 사례관리 실천의 전 과정에서 패러다임의 전환이 이루어져야 하는 것임을 의미한다.

제2장

강점관점 해결중심 사례관리의 원리와 방법

1. 강점관점 해결중심 사례관리의 원리
2. 강점관점 해결중심 사례관리의 방법

공자는 일찍이 예(禮)를 잘 안다고 소문이 나 있었다.

공자는 노나라 주공을 모신 사당에서 제사 지내는 일을 돕고 있었다.

이때 공자가 자신이 돕는 제주에게 제사 절차를 매번 겸손하게 묻는 것을 보고 사람들이 "누가 공자더러 예를 잘 안다고 했느냐!" 하며 빈정대자 공자는 "이것이 바로 예입니다."라고 하였다.

이처럼 공자는 자신이 아는 것이 있더라도 상대방이 원하는 절차를 겸손하게 묻는 것이 진정한 예임을 몸소 보여 주었다.

– 『논어(論語)』, 「팔일편(八佾篇)」 제15장 중에서 –

1. 강점관점 해결중심 사례관리의 원리[1)]

사례관리는 1970년대 후반 미국에서 만성정신장애나 약물 문제가 있는 사람에 대한 지역사회의 보호와 그들에게 제공하는 서비스를 조정할 필요성을 인식하면서 개발한 사회복지 실천방법이다(Rapp & Chamberlain, 1985; Rapp, 2006). 현재 사례관리는 다양한 사회복지 실천현장에서 복합적 욕구로 인해 집중적인 도움이 필요한 사람을 대상으로 지역사회 내 공식·비공식 자원을 연계·활용해 통합적이고도 체계적인 서비스를 제공하는 방편으로 주목받고 있으나(홍선미, 2004), 아직 합의된 정의가 없어 여러 가지 다른 개념과 모델이 제시되고 있다. 그러나 모든 사례관리 모델은 적어도 이용자에게 필수적인 자원을 연결하는 기능과 이용자가 최대한 독립적으로 생활할 수 있는 역량 강화의 기능을 수행한다는 두 가지 측면에서 공통점을 가지고 있다(Hepworth & Larsen, 1993).

사실 대다수의 사례관리 모델은 이용자 중심과 팀워크, 동반관계 등 강점관점 실천에서 강조하는 원리를 지향하고 있지만(우국희, 김영숙, 임효연, 2007) 현실에서는 단순한 서비스 연계의 기능만을 수행하는 한계를 보이고 있고(황성철, 1995), 강점관점을 실천 원칙으로 주장하면서도 여전히 전통적인 접근과 전문가 중심의 틀에서 벗어나지 못하고 있다.

사례관리가 단순한 서비스 연계에서 벗어나 이용자의 개별 욕구에 따른 맞춤형 서비스를 제공하고 이용자가 문제 해결 과정의 주체가 되도록

1) 이 내용은 서울가톨릭사회복지회(2012: 47-54)에 수록된 내용을 수정·보완한 것이다.

하려면, 먼저 문제에 초점을 둔 전통적인 방법과 전문가 중심의 관점에서 강점과 이용자 중심의 관점으로 전환하여야 한다. 최근 현장에서 사례관리와 강점관점에 관한 관심이 고조되면서 사례관리의 실천관점으로 강점관점과 해결중심, 임파워먼트 등을 제시하지만, 그 실천과정은 여전히 전문가 중심의 문제사정, 서비스 계획과 개입에서 벗어나지 못하고 있다. 또한 종종 문제사정의 과정에서 강점을 추가로 알아보거나, 면접 중 강점에 관해 이야기하고 이용자를 칭찬하면 강점관점이나 이용자 중심의 사례관리를 하는 것으로 착각해 혼란을 가중시키기도 한다(Blundo, 2006).

강점관점 해결중심 사례관리에서는 이용자의 변화는 사회복지사의 전문성이 아니라 바로 이용자 자신이 만들어 낸다고 믿는다. 그래서 사회복지사가 하는 모든 노력은 이용자가 원하는 변화를 알아보고, 그 변화를 이루어 내는 데 동원할 이용자의 강점과 자원을 발견하며, 육성·개발하는 데 초점을 맞추고 있다(보건복지부, 솔루션센터, 2006; Saleebey, 2006). 이는 강점관점 해결중심 사례관리가 기존의 문제에 초점을 둔 실천방법을 그대로 유지하면서 또 다른 모델이나 개입 절차를 새롭게 추가하는 것이 아니라, 실천방법에서도 패러다임의 전환이 이루어져야 한다는 것을 의미한다.

실천에서 가장 중요한 것은 이용자의 문제 해결 능력에 대한 믿음이라는 점에서 강점관점 실천과 맥을 같이하는 해결중심 접근은 이용자가 원하는 변화를 이루는 데 유용한 질문을 중심으로 구체적인 전략과 방법을 개발해 강점관점을 현장에서 실현하는 데 크게 이바지하고 있다(Weick, Kreider, & Chamberlain, 2006). 이처럼 강점관점과 해결중심 접근의 공통원리를 기반으로 하고, 해결중심 접근의 구체적인 방법을 활용해 실천하는 사례관리를 강점관점 해결중심 사례관리라고 한다.

1) 기본 원리

강점관점 해결중심 사례관리를 실천하려면 기존의 문제 중심, 전문가 중심의 패러다임에서 강점과 해결중심, 이용자 중심의 패러다임으로 전환해야 한다. 이것은 전통적인 접근에서처럼 사례관리자가 이용자 삶의 운전대를 잡고 이용자에게 필요하며 도움이 되는 것이 무엇인지를 파악해 필요한 서비스를 제공하는 것이 아니라, 이용자가 자신이 원하는 삶을 결정하고 그것을 향해 운전해 나갈 수 있도록 돕는 실천의 전환을 의미한다. 강점관점 해결중심 사례관리의 기본 원리는 바로 그러한 실천의 근간이 되는 일반적인 가치와 접근방식을 포함하고 있다.

(1) 이용자는 자기 삶의 전문가

전통적인 사회복지 실천에서는 이용자는 문제가 있는 약한 존재이므로 사회복지사의 전문성, 즉 그의 지식기반과 실천능력을 토대로 수행한 문제사정과 서비스 계획, 개입방법을 통해 변화한다고 믿는다(Blundo, 2006). 그러나 강점관점 해결중심 사례관리에서는 자기 삶을 가장 잘 아는 전문가는 바로 이용자이므로 그가 원하는 변화를 만들어 낼 수 있는 사람도 이용자 자신이라고 믿는다. 따라서 사례관리자는 이용자의 문제를 객관적으로 사정하고 판단하는 전문가가 아니라 이용자의 삶과 그가 원하는 변화를 이용자에게서 배우는 학습자가 되어야 한다(Anderson & Goolishian, 1992). 강점관점 해결중심 사례관리에서는 사례관리자인 전문가의 관점과 판단보다는 이용자가 삶이 나아지는 데 중요하다고 여기는 것에 중점을 둔다(Berg & Wheeler, 2006).

그러므로 사례관리자의 역할은 이용자의 문제와 해결방법에 대해 어떤 가정도 하지 않고 이용자가 삶에서 무엇이 달라졌으면 하는지, 문제가 조금이라도 일어나지 않은 때는 언제인지, 어떻게 그런 상황이 일어날 수 있었는지 등을 이용자에게 물어보는 것이다. 또한 이용자가 원하는 변화를 탐색하고, 그 변화를 만들어 나가는 데 사용할 수 있는 자신과 지역사회의 강점과 자원을 발견하고, 육성하며, 개발하는 것이다(De Jong & Berg, 2004).

(2) 이용자가 원하는 것에 초점 두기

사례관리자는 사례관리의 목표, 즉 자신이 누구와 무엇을 위해 사례관리 실천을 하는지 분명히 알아야만 효과적이고 효율적으로 일할 수 있는 길을 찾을 수 있다. 그렇다면 사례관리자와 사례관리 실천은 과연 누구와 무엇을 위해 존재하는가? 그 답은 매우 분명하다. 모든 사례관리 실천과 사례관리자는 결국 이용자를 위해, 그리고 이용자가 원하는 삶을 살 수 있게 도우려고 존재한다. 강점관점 해결중심 사례관리의 가장 중요한 목표 역시 이용자가 원하는 변화를 이루게 돕는 것이고, 그러려면 자연스럽게 이용자가 원하는 것에 초점을 두고 사례관리를 실천해야 한다.

그러나 전문가가 일하는 문화에서는 이용자의 말과 이야기를 불신하는 경향이 있다(Saleebey, 2006). 심지어 미국의 사회복지 실천에 관한 대표 저서에서도 "(이용자)의 말은 정보의 일차적인 원천이 되기는 하나 불완전한 기억과 왜곡된 지각, 편견, 제한된 자기 인식 때문에 잘못된 것일 가능성이 많다. 따라서 (이용자)의 의견과 설명, 보고를 현실에 관한 타당한 표현으로 수용하는 것을 피해야 한다."(Hepworth & Larsen, 1990: 197)라고 기술하고 있다. 이는 이용자는 자신에게 가장 필요한 것을 알고 결정할 능력이 부족하므로 전문능력을 갖춘 실천가가 대신 판단하고 결정해 주어야 한다고 믿기 때문이다. 그 결과 사례관리자는 이용자가 원하는 것보다는 이용자에게 도움이 된다고 판단한 것을 하게 하려고 이용자를 설득하는 데 많은 시간을 보낸다. 만일 이용자가 자신이 원하는 것을 고집하면 사례관리자에게 '저항'하는 것으로 보고 사례관리자의 의견을 따르도록 설득한다. 그러나 강점관점 해결중심 사례관리에서는 이용자가 사례관리자의 의견에 따르지 않더라도 이를 '저항'으로 보지 않고 오히려 이용자가 사례관리자에게 협조한다고 본다. 즉, 이용자는 사례관리자가 하고 있는 것이 자신에게 도움이 되지 않으므로 사례관리자에게 무엇인가 다르게 하라고 알려 주는 것이다(de Shazer, 1984).

강점관점 해결중심 사례관리에서는 이용자가 자신을 위해 최선의 결정을 할 능력이 있다고 믿으므로 이용자가 원하는 것에 초점을 맞춘다. 이용자가 원하는 것에 초점을 맞추는 것은 이용자를 신뢰하고 존중하는 일일 뿐 아니라 실용적이기도 하다. 왜냐하면 다른 사람들과 마찬가지로 이용자도 자신이 원하는 일을 할 때 더 열심히 하고, 사례관리자가 자신을 동등한 인격체로 존중해 준다고 인식하면 더 적극적으로 협력하기 때문이다. 아울러 모든 사람은 자신이 원하고 결정한 대로 일이 진행될 때 더 만족하므로 사례관리 서비스에도 긍정적인 영향을 미치게 된다(노혜련, 유성은, 2007).

(3) 이용자와 지역사회의 강점에 초점 두기

모든 이용자는 강점이 있다. 강점은 이용자의 개인적 재능과 자질, 영성은 물론 학대와 질병, 심지어는 자기 약점에 대처해 온 과정에서 생긴 능력 등 거의 모든 것이 될 수 있다(Saleebey, 2006). 강점관점 해결중심 사례관리에서는 이용자의 강점 중 이용자가 원하는 변화를 이루는 데 도움이 되는 것에 초점을 맞춘다. 이용자는 사례관리자가 자신의 강점을 지지하고 인정하며 칭찬할 때 좀 더 잘하려는 마음과 잘할 수 있다는 자신감을 가질 수 있으며(노혜련, 유성은, 2007), 결과적으로 원하는 변화도 더 빨리 이루어 낼 수 있다. 사례관리자는 이용자와 협력해서 이용자가 원하는 변화를 구체적으로 그려 보고, 그러한 변화가 이루어지려면 어떤 일이 있어야 하는지 알아보는 과정에서 더 많은 강점을 발견한다. 아무리 숙련된 사례관리자라 하더라도 이용자가 어떠한 삶을 원하고 그것을 이루는 데 무엇이 필요한지를 미리 알 수는 없다. 따라서 사례관리자는 이용자가 아무리 힘든 상황에 있더라도 판단하지 않아야 하며, 오히려 이용자가 어려운 환경에서 어떻게 견디어 왔고, 어떻게 그런 힘을 발휘했는지 알아보는 데 집중해야 한다(Saleebey, 2006; De Jong & Berg, 2004).

또한 강점관점 해결중심 사례관리에서는 이용자뿐 아니라 지역사회의 강점에도 초점을 맞춘다. 지역사회는 풍부한 자원과 에너지, 가능성의 저장고다. 모든 환경에는 이용자가 원하고 필요한 것을 제공해 줄 사람과 집단, 조직이 있다. 이러한 자원은 대체로 사회복지 서비스 기관 외부에 존재하지만 잘 활용하지 못하고 있다. 이용자의 생활과 밀접한 관계가 있는 지역사회를 문제가 있고 부족하다고 여기면 이미 존재하는 자원을 간과하거나, 유해하다고 판단한다. 혹시 그렇게 여기지 않더라도 지역사회 자원을 이용자의 취약한 부분을 돕는 것으로만 여긴다면 지역사회의 잠재능력을 충분히 활용하기 어렵다. 그러므로 이용자와 그의 삶과 연관된 지역사회의 강점에 초점을 두고 서로가 성장해 나갈 수 있도록 도울 때, 더 건강한 사회를 만들어 갈 수 있다.

(4) 변화는 늘 있는 것

강점관점 해결중심 사례관리에서는 변화는 모든 사람의 삶에서 늘 일어나는 것이며, 이용자 역시 그렇다고 가정한다(de Shazer, 1984). 사람들은 대부분 자기 삶이 안정적이고 예측할 수 있기를 바라지만 변화는 곳곳에서 끊임없이 일어난다. "우리는 같은 강을 두 번 건널 수 없다."라는 속담과 같이 어떤 날도 같은 날은 없으며, 이는 이용자 역시 그러하다. 이처럼 모든 것이 항상 변화한다고 볼 때 사례관리자의 역할은 이용자의 문제에 고착되지 않으며, 이용자의 삶에서 항상 일어나는 긍정적인 변화에 초점을 두고 이용자가 계속해서 그 방향으로 나아가게 돕는 것이라고 할 수 있다(Berg & Miller, 1992; Berg & Szabó, 2013).

이용자가 아무리 많은 문제를 이야기해도 모든 것은 서로 연관되어 있으므로 당장 할 수 있는 작은 변화에서부터 시작하면 더 큰 변화로 이어질 수 있다. 변화가 항상 일어나고 있다는 전제는 문제가 매우 심각해도 '조금이라도 더 나은' 때가 있다는 것을 의미한다. 따라서 사례관리자는 이용자에게 그때가 언제인지 물어보고, 어떻게 해야 그런 때가 더 자주, 더 크게 일어나는지에 초점을 맞추어 이용자가 원하는 변화를 이루게 도와야 한다(보건복지부, 솔루션센터, 2006).

(5) 현재와 미래에 초점 두기

강점관점 해결중심 사례관리에서는 이용자의 과거보다 현재와 미래를 강조한다. 즉, 이용자가 과거에 겪은 문제가 무엇인지보다 현재와 미래에 어떻게 해 나가려고 하는지에 관심을 둔다. 하지만 이용자의 현재와 미래의 삶은 지금까지 살아온 과거가 있었기에 존재할 수 있는 것이므로 이용자에게 과거 이야기를 하지 못하게 하거나, 과거에 관한 이야기를 중요하지 않다고 생각하는 것은 아니다(Berg & Miller, 1992).

사람의 미래는 과거 경험이나 가족력 등의 영향으로 결정된다고 볼 수 없다. 물론 가족이나 문화 등의 영향을 받지만 어떻게 살고 싶은지는 자신이 결정하고 준비할 수 있다(Berg & Dolan, 2001). 따라서 사례관리자는 과거보다 현재와 미래에 더 관심을 기울여야 한다. 인간은 과거에 매우 힘든 경험을 했다 하더라도 미래를 어떻게 만들어 갈 것인지를 선택하고 결정할 수 있으며, 실제 그렇게 해 나간다. 그러므로 사례관리자는 이용자가 이미 가진 것을 활용해 원하는 미래를 만들어 내고, 긍정적인 변화를 최대화하는 방법을 찾아야 한다(Berg & Szabó, 2013).

사례관리자는 이용자의 미래를 낙관적이고 희망차게 바라보고, 이용자에게 그러한 태도를 전달하려고 노력해야 한다(Berg & Dolan, 2001). 이용자가 잘할 수 있고 역경을 이겨 낼 수 있을 것이라고 사례관리자가 기대하고 믿을 때, 이용자는 다시 희망을 품고 변화 동기를 가지기 쉽다(노혜련, 유성은, 2007; Assay & Lambert, 2006).

(6) 맞춤형으로 일하기

강점관점 해결중심 사례관리의 원리 중 하나는 이용자의 입장과 개별 상황을 고려해서 맞춤형으로 일하는 것이다. 예를 들어, 똑같이 불면증을 호소하는 이용자라 하더라도 각자의 상황과 능력, 자원이 다르므로 각각 다른 해결책을 모색해야 하고, 서비스의 지원 내용과 형태도 달라야 한다(보건복지부, 솔루션센터, 2006).

최근 사례관리 실천현장에서는 사정도구를 활용해 이용자의 문제와 심각도를 평가한 후 고위험, 저위험 등으로 분류해서 서비스를 제공하는 경향이 있다. 이런 현상은 사정도구와 같은 객관적인 도구를 사용하는 것이 더 전문적이고 과학적이라고 생각하는 데에서 기인한 것으로 볼 수 있다. 사정도구를 이용해 이용자를 분류하는 것은 이용자가 처한 상황의 어느 한 시점을 사진처럼 고정하는 것과 마찬가지다. 사람은 복합적인 존재이므로 감정과 태도가 계속해서 변화하며, 처한 상황도 변화하게 된다. 사람은 대화하는 과정에서 감정과 생각이 달라지기도 하고, 아직 생각하지 못한 것을 새롭게 발견하기도 한다. 그런데 사정도구로 이용자 삶의 한 시점을 수치로 측정해 서비스를 결정하면 인간의 개별성과 변화 가능성을 간과하는 오류를 범하기 쉽다.

이용자의 상황을 수치화해서 서비스의 양과 종류를 정하는 것은 같은 수치로 평가받은 이용자는 모두 같으므로 똑같은 서비스를 받아야 한다는 전제가 있을 때만 가능한 일이다. 이 세상에 똑같은 사람은 아무도 없다. 이용자가 처한 상황이 거의 비슷하다 하더라도 각자 그 상황에 대처하는 방법, 원하는 변화, 동원할 수 있는 자원과 능력까지 같지는 않다. 이용자에게 그가 원하는 변화가 무엇인지, 그 변화를 이루기 위해 자신이 할 수 있는 일은 무엇이고, 원하는 서비스는 무엇이며, 어떤 방법으로, 언제 그 서비스를 받고 싶은지 등을 알아보지 않고 사례관리자가 정해진 수

치에 따라 서비스를 결정하고 제공하는 것은 이용자를 존중하지 않는 일일 뿐 아니라 사례관리자와 이용자가 서로 협력할 기회를 훼손하는 일이다. 강점관점 해결중심 사례관리자는 이용자에게 가장 나은 해결 방법을 스스로 결정할 능력이 있다고 믿고, 이용자가 주체로서 자신이 원하는 변화를 만들어 가게 도와야 한다. 또한 자원을 연계할 때도 이미 확보한 자원에 국한해서 지원하는 것이 아니라, 각 이용자에 맞춰 쉽게 활용할 수 있는 자원을 함께 알아보고 연결할 때 변화가 지속될 가능성이 높다.

(7) 가족 중심으로 일하기

가족 중심으로 일한다는 것은 개인생활 속에서 가족의 중요성을 인정하고, 혈연관계와 상관없이 이용자가 가족이라고 여기는 사람도 포함해 함께 일하는 것을 의미한다. 또한 면접에서 이용자만이 아니라 가족도 포함하여 이들이 원하는 변화와 그것을 이루는 데 도움이 되고, 해야 하는 것 등에 관한 정보를 충분히 나눈 후 그 정보를 바탕으로 이용자가 스스로 결정하게 돕는 것이다. 그 과정에서 가족은 자신들의 강점과 능력을 발휘하게 되고, 이는 서로에게 긍정적 영향을 미쳐 이용자 개인과 가족 전체의 변화를 가능하게 한다(Petr, 2004). 모든 사람에게는 가족이 있다. 비록 함께 살지는 않더라도 관계를 맺고 있는 혈연 가족이 있으며, 혹 혈연 가족이 없더라도 가족같이 중요하고 가깝게 생각하는 사람이 있다. 가족은 개인에게 매우 중요한 환경으로 개인의 건강과 안녕에 대단히 큰 영향을 미친다. 따라서 이용자와 일할 때는 늘 이용자의 가족이나 가족 같은 역할을 하는 사람과 협력하는 것이 중요하다(노혜련, 유성은, 2007).

(8) 통합적으로 일하기: 협력

통합적으로 일한다는 것은 사례관리자가 이용자와 함께 원하는 변화를 만들어 내려고 할 때 개인과 가족, 집단, 지역사회 더 나아가 제도의 변화를 위해 노력하는 것을 의미한다. 이는 기존 접근에서도 똑같이 중요하게 생각하고 있는 점이다. 그러나 강점관점 해결중심 사례관리에서는 통합적으로 일할 때도 전문가가 이용자를 판단하거나 설득하려 하지 않고, 이용자가 원하는 것과 가능한 것에 맞춰 속도를 조절하는 것을 중요하게 본다. 사례관리자는 종종 이용자를 위해 일한다고 하지만 정작 이용자의 의견보다는 당시 상황이나 전문가의 판단을 우선시하거나 자신이 모든 역할을 해야 한다고 생각한다. 강점관점 해결중심 사례관리자는 이용자가 원하는 변화를 이루려면 누구와 무엇을 어떻게 협력해야 하는지를 전체 상황을 보면서 조정해 나가는 능력을 갖춰야 한다.

(9) 이용자의 생활환경을 활용

강점관점 해결중심 사례관리는 이용자의 변화에 도움이 되는 환경에서 만나는 것을 중요시하므로 사무실에서 일하기보다는 이용자의 집이나 직장 등에 직접 찾아가서 일할 때가 많다. 이용자의 생활환경에 직접 가면 이용자를 좀 더 잘 이해할 수 있을 뿐 아니라 이용자에게 익숙한 환경을 활용하기가 쉽다. 이렇게 하면 이용자가 자신이 실제 생활하는 곳에서 변화에 필요한 능력을 키울 기회를 가지게 되어 기관에 의존하는 대신 스스로 하려는 동기를 가지는 데도 도움이 된다. 사례관리자는 가정이나 이용자가 일하는 곳 등을 방문해 이용자의 생활환경에 맞춰 일함으로써 이웃이나 다른 이용자를 포함한 잠재적 · 비공식적 자원을 발견할 기회를 더욱 많이 가질 수 있다(Rapp, 2006). 또한 이용자의 가정 등을 직접 방문하는 것은 사례관리자가 이용자의 가족을 위해 노력을 기울이고 있으며, 그들이 그럴 만한 가치가 있는 존재임을 확인시켜 주는 기회가 되기도 한다. 사례관리자가 이용자의 생활환경에 찾아가서 일하면 이용자의 구체적인 욕구뿐 아니라 그의 생활환경과 지역사회 내 자원에 관한 중요한 정보를 더 쉽게 알 수 있어 이용자 중심의 맞춤형 실천에 도움이 될 수 있다(노혜련, 유성은, 2007).

2) 실천 원칙

강점관점 해결중심 사례관리에서 사례관리자는 이용자와 협력해 이용자가 원하는 변화를 위해 자신이 할 수 있는 방법을 사용한다. 이 과정에서 다음의 실천 원칙은 사례관리자가 이용자 중심의 초점을 유지하는 데 도움이 되는 지침이자 실천 지혜가 된다.

(1) 이용자가 문제 삼지 않으면 건드리지 않기

이용자가 문제로 여기지 않고, 변화할 필요도 느끼지 않는 상황에서는 사례관리의 이론, 모델과 철학은 모두 무의미하다(de Shazer et al., 2007). 실천현장에서는 종종 전문가인 사례관리자가 이용자의 문제를 더 잘 알고 있고, 이용자는 문제를 인식하지 못하기 때문에 전문가가 이를 변화시켜야 한다고 본다. 예를 들어, 집 안에 쓰레기가 잔뜩 쌓여 있어서 악취가 심한 이용자 가정에 방문했을 때, 이용자가 그렇게 지내는 것이 아무 문제가 없다고 하면 사례관리자는 이용자가 문제를 인식하게 하고, 사례관리자가 생각한 해결방법을 받아들이도록 설득하는 데 많은 시간을 소비한다.

강점관점 해결중심 사례관리는 이용자의 생각이 굳이 달라져야 할 필요가 없다면 그 생각을 그대로 존중하면서 시작해야 한다고 믿는다(Berg & Szabó, 2013). 이용자가 문제 삼지 않는다면, 적어도 그 상황에서 나름대로 지내는 방법을 알고 있다는 의미이므로, 그것을 그대로 인정하면서 더 나은 삶을 살기 위해 지금 지내는 것을 발판으로 앞으로 어떻게 지낼 것인지를 모색한다(Berg & Dolan, 2001). 앞에서 본 사례의 경우 사례관리자는 이용자가 그렇게 지내는 것이 어떻게 도움이 되는지, 그러한 상황에서 그동안 어떻게 지내 왔는지 등에 호기심을 가지고 면접을 진행한다. 그 과정에서 이용자를 더 이해할 수 있게 되며, 나아가 앞으로 무엇이 달라지면 지내는 데 도움이 될 수 있는지 탐색해 나간다. 처음 강점관점 해결중심 사례관리를 실천할 때, 사례관리자는 종종 '이용자가 문제 삼지 않으면 건드리지 말라.'라고 해서 더는 이야기하지 않았다고 말하기도 한다. 이런 상황에서 어떻게 해야 하는지는 제3장의 '다양한 접수 상황에서 진행하기' 중 이용자가 비자발적일 때를 참고하기 바란다.

(2) 하고 있는 것이 효과가 있으면 더 하기

사례관리자는 이용자가 원하는 변화를 만들어 나가는 과정에서 한 번이라도 효과가 있었던 일이 또 일어나게 하는 방법을 이용자와 함께 찾아야 한다(Berg & Dolan, 2001). 누구나 새로운 것을 배우는 것보다 자신이 이미 했던 것을 반복하는 것이 훨씬 더 쉽다(Berg, 1994). 따라서 사례관리자는 이용자에게 이미 효과가 있었던 일을 더 많이 할 수 있게 격려해야 한다. 그리고 그 과정에서 이용자가 사용한 방법이 좋았는지보다는 이용자 자신에게 도움이 되었는지에 관심을 둔다(de Shazer et al., 2007).

이용자가 힘든 상황에서도 지금까지 지내 왔다는 것은 어떻게든 자신에게 도움되는 일을 이미 해 왔다는 것이다. 사례관리자는 이러한 것을 함께 알아보고, 반복하게 도움으로써 이용자가 미래에 희망을 품게 할 수 있다. 사례관리자가 이용자가 원하는 변화를 만들어 내는 데 도움되는 일이 일어났을 때 누가, 무엇을, 어디서, 어떻게 했는지 자세히 물어 이용자가 자신이 한 성공 경험을 알게 되면 좀 더 쉽게 반복할 수 있다(Berg, 1994).

(3) 하고 있는 것이 효과가 없다면 다르게 하기

아무리 좋은 해결방법이라 하더라도 효과가 없다면 다시 고려해 봐야 한다. 그런데 이상하게 사람들은 과거에 효과가 없었던 방법을 계속 반복하면서 문제를 해결하려고 한다(de Shazer et al., 2007). "열 번 찍어 안 넘어가는 나무 없다."라는 속담은 계속해서 노력하면 못 이룰 일이 없다고 생각하는 것으로, 효과 없는 방법도 끝까지 인내하며 시도하면 반드시 성공하리라고 여기게 한다. 그러나 자기 삶에서든, 일에서든, 누군가와의 관계에서든 문제를 해결하려면 분명히 지금까지 해 왔던 것과는 전혀 다른 무엇인가를 해야 할 때가 있다. 현실적으로 할 수 있는 것은 모두 해 봤지만 아무런 효과가 없어 지친 경우에도 사람들은 대체로 효과 없는 해결방법을 반복하면서 매번 똑같이 실망스러운 결과를 경험한다(Berg & Dolan, 2001).

이용자가 효과 없는 일을 반복하면서 그것에 계속 집중하다 보면 다른 대안을 볼 수 없게 되어 상황은 더욱 악화되고, 자신이 원하는 변화에서 점점 더 멀어지게 된다. 이럴 때 사례관리자는 이용자가 자신에게 도움되는 것을 알아보고 찾아가게 도와야 한다. 그렇게 하려면 일단 지금까지 해 왔던 것을 중단하고 대신 다른 무언가를 시도해야 한다. 그런데 누구나 해 보지 않았던 것을 하면 낯설고 어려워 주저하기 마련이다. 그러나 사례관리자는 그것이 어떤 일이건 이용자가 지금까지 해 왔던 것과는 분명히 다른 것을 해 보도록 도울 수 있어야 한다(보건복지부, 솔루션센터, 2006).

2. 강점관점 해결중심 사례관리의 방법

1) 이용자가 원하는 변화를 구체화하기: 목표[2)]

사례관리자는 먼저 목표, 즉 이용자가 원하는 변화가 무엇인지 알아보면서 그러한 변화를 만들어 가는 데 집중한다. 이용자가 자기 삶에서 무엇이 달라지기를 바라는지 알면 그렇게 되도록 어떻게 해야 하는지, 무엇이 도움이 되는지를 구체적으로 알기가 쉽다. 이는 자신이 가기를 원하는 종착지를 알 때 그곳에 도달하는 가장 좋은 방법을 선택할 수 있는 것과 비슷하다(De Jong & Berg, 2004; Berg & Dolan, 2001). 또한 이용자가 원하는 변화를 사례관리자와 이용자가 함께 구체적으로 알아 가면서 사례관

2) 이 내용은 서울가톨릭사회복지회(2012: 54-58)에 수록된 내용을 수정 · 보완한 것이다.

리를 언제 종결할지 합의할 수 있으며, 종결 후에는 지금까지 해 온 사례관리가 이용자가 원하는 변화를 만들어 가는 데 도움이 됐는지도 평가할 수 있다.

그러나 이용자는 주로 문제에 빠져 있기 때문에 문제에 대해서는 잘 알지만, 무엇을 원하는지는 구체적으로 대답하기 어려워하거나 추상적으로 이야기한다. 이때 사례관리자의 역할은 이용자가 말한 추상적인 내용을 구체적이고도 상세한 그림으로 바꾸어 나가는 것이다. 이용자는 자신이 원하는 것을 이야기할 때 무엇인가 달라지겠다는 동기가 커질 뿐 아니라 그것을 실천하는 데도 더 적극적인 모습을 보인다. 따라서 사례관리는 이용자가 원하는 변화를 알아보는 데서 시작하는 것이 중요하며, 이용자에게 도움이 되는 목표의 특성은 다음과 같다(De Jong & Berg, 2004; Berg & Dolan, 2001).

(1) 이용자에게 중요한 것

이용자가 원하는 변화는 사례관리자가 중요하다고 여기는 것이 아니라 무엇보다도 이용자에게 중요한 것이어야 한다(De Jong & Berg, 2004). 사람은 자신이 중요하다고 생각하는 것에 에너지를 집중하므로, 이용자 역시 자신이 중요하다고 여기는 것을 위해서는 사례관리자와 더 협력하고, 자기 목표를 이루는 데 필요한 변화를 만들어 가려고 노력하게 된다. 그리고 이것은 긍정적인 결과로 이어질 수 있다. 사람은 누구나 자신이 중요하다고 생각하는 일에 더 많은 관심을 보이기 때문에 이용자도 자신에게 중요한 것을 다룰 때 주체적으로 사례관리 과정에 참여하게 된다(Berg & Miller, 1992; Berg & Szabó, 2013).

(2) 상호작용의 모습으로 나타나는 것

사람은 외딴섬처럼 혼자 고립된 상태로 존재하지 않는다. 사람은 다른 사람과 상호작용하면서 살아가고, 다른 사람이 어떻게 반응하는지 보면서 자신을 알아 간다. 따라서 목표, 즉 이용자가 원하는 변화의 그림은 이용자의 변화를 감지할 수 있는 사람과 상호작용하는 모습으로 그리는 것이 도움이 된다. 사례관리자는 이용자가 원하는 변화가 이루어졌을 때 자신에게 중요한 사람과 어떻게 다르게 지내게 될지, 그때는 지금과 무엇을 다르게 할지 등 이용자의 구체적인 변화 모습을 상세하게 그려 나가는 데 집중한다(de Shazer et al., 2007). 사람은 자신에게 중요한 다른 사람의 눈을 통해 자신을 바라보면 이전에는 없었던 변화 가능성을 만들어 낼 수도 있다(De Jong & Berg, 2004).

(3) 문제를 없애는 것 대신 원하는 행동으로 표현할 수 있는 것

이용자에게 무엇이 달라지기를 원하는지 물어보면 대부분 자기 생활에서 일어나지 않았으면 하는 것을 먼저 이야기한다(De Jong & Miller, 1995). 그러나 무엇인가를 하지 않는 것은 쉽지 않다. 예를 들어, 이용자가 술을 끊기 위해 "앞으로 술을 절대 마시지 않을 거야."라고 이야기하고 실제 그렇게 하려고 하더라도 생활에서 술을 마시게 되는 상황이 일어나거나 술을 마시고 싶은 생각이 들 수 있다. 그러면 자신은 변화 의지가 약하다고 생각하고, 결국 원래 행동을 다시 하는 경향이 있다. 사람은 자신이 원하거나 한 번이라도 해 봤던 것을 다시 하기 쉽다. 그러므로 술을 마시지 않겠다고 하는 것 대신 무엇을 하고 싶은지, 또는 이미 했던 것 중 도움이 되었던 것이 무엇인지 알아내서 그것을 하면 성공할 가능성이 높아진다. 따라서 목표는 문제를 없애는 것 대신 할 수 있는 것, 즉 이용자가 원하는 변화 모습으로 표현하는 것이 유용하다(De Jong & Berg, 2004).

(4) 마지막 결과가 아니라 시작

"천 리 길도 한 걸음부터"라는 말이 있다. 아무리 큰일이라 하더라도 작은 것부터 시작해야 한다는 뜻이다. 이처럼 이용자가 원하는 변화를 위해서는 마지막 결과가 아닌 첫 시작으로 할 수 있는 일이 무엇인지를 알고 그것을 해 나가는 것이 중요하다(Berg & Miller, 1992). 예를 들어, '행복한 가족생활'을 원한다고 할 때, 이용자는 자기 생활이 달라져야 한다는 것을 알고는 있지만 그렇게 되기 위한 첫 시작으로 무엇을 다르게 해야 하는지는 구체적으로 생각하지 않았을 수 있다. 따라서 사례관리자는 이용자에게 자신이 달라지기 시작했다는 것을 무엇을 보고 알 수 있는지 묻는다. 그리고 '내가 먼저 오늘 있었던 이야기를 시작한다.' '아침에 아이를 깨울 때 안아 준다.' 등 이용자가 시작할 첫 단계를 그릴 수 있게 도와야 한다.

(5) 작고 구체적이며 행동으로 옮길 수 있고, 보고 알 수 있는 것

이용자는 자신이 원하는 변화가 작고 구체적이며 행동으로 옮길 수 있고, 보고 알 수 있는 것일 때 그것을 하기가 쉬우며, 자신이 원하는 변화를 향해 나아가고 있는지도 쉽게 알 수 있다(De Jong & Berg, 2004; De Jong & Miller, 1995). 만일 이용자가 자신이 원하는 변화가 '자신감이 생기는 것'이라고 했을 때, 자신감이 생겼을 때 나타나는 모습은 각 개인의 경험과 인식, 가치, 문화 등에 따라 모두 다르다. 그러므로 자신감이 생기는 것이라고만 이야기하면 추상적일 수밖에 없다. 사례관리자는 이용자가 원하는 변화를 작고 구체적이며 행동으로 옮길 수 있고 보고 알 수 있는 것, 예를 들어 '얼굴을 들고 전보다 크게 이야기하는 것'처럼 비디오로 찍어 보는 것같이 명료하게 알 수 있게 도와야 한다.

작고 구체적인 행동에 관해 상세하게 이야기하는 것은 자기 삶의 변화를 위해 할 수 있는 행동을 간접적으로 '경험'하는 예행연습과 같은 구실을 한다. 이처럼 이용자가 자신이 할 행동을 좀 더 구체적으로 알게 되면 이것을 실제 생활에서도 좀 더 쉽고, 자연스럽게 할 수 있다. 자신이 원하는 변화가 이루어졌을 때 어떻게 다르게 행동할지에 관해 풍부하고도 자세한 그림을 그려 보는 경험은 미래에 그 변화가 일어났을 때 자신에게 도움되는 것을 예상할 수 있게 함으로써 변화 동기를 키우는 데 이바지한다. 또한 이용자가 간절히 원하지만 처음에는 시도하기 어려운 변화(예: 심하게 폭행하는 남편을 떠나는 일)라 하더라도 행동으로 옮길 작은 일을 구체적으로 이야기하면서 느끼는 긍정적인 감정이 변화로 나아가는 데 필요한 용기를 북돋아 주기도 한다(de Shazer et al., 2007).

(6) 현실에서 할 수 있는 것

좋은 목표라면 현실에서 할 수 있는 것이어야 한다. 현실에서 할 수 있다는 것은 이용자의 능력과 자신의 상황에서 가능해야 한다는 의미다(De Jong & Berg, 2004). 아무리 바람직하고 이용자에게 도움이 되는 것이라 하더라도 실제로 할 수 없다면 소용이 없으므로, 사례관리자는 이용자와 함께 현실에서 할 수 있는 것을 찾아 나가야 한다.

사례관리자는 이용자의 능력과 상황을 이용자 자신보다 잘 알 수는 없으므로, 이용자가 원하는 변화가 실제로 일어날 수 있는 일인지 아닌지 알려면 이용자에게 물어보아야 한다(De Jong & Berg, 2004). 이용자가 원하고 할 수 있는 것을 이야기하면, 그러한 일이 실제로 일어날 수 있는지(또는 할 수 있는지) 물으면서 현실에서 할 수 있는 것을 이용자 스스로 선택하고 결정하게 한다. 또한 사례관리자는 이용자가 원하는 변화가 자신에게 중요한 사람과의 상호작용에 어떤 영향을 미칠지 고려하게 함으로써 좀 더 현실적인 방법을 찾게 도울 수 있다(De Jong & Berg, 2004). 이용자는 자신이 처음에 원했던 변화가 가능하지 않다는 것을 알면 그것을 빨리 깨닫고 좀 더 현실에서 가능한 방법을 찾으려고 노력한다(Berg & Miller, 1992).

(7) 변화과정에서 이용자가 할 수 있는 것

사례관리는 이용지기 달라지기를 원해시 시작하기보다는 기관이나 주위에서 문제라고 생각하거나, 지금껏 무엇을 해도 나아지지 않았기 때문에 달라질 가능성이 없다고 생각하는 상황에서 시작하는 경우가 많다. 그래서 이용자 대부분은 자신이 할 수 있는 일은 없고, 사례관리자를 만나도 나아질 것이 없다고 생각한다. 이럴 때 이용자에게 문제가 해결되면 무엇이 달라질 것인지를 물으면 대다수는 누군가 다른 사람이 변화해야 한다고 이야기한다.

변화가 이루어지려면 변화가 필요하다고 보는 사람부터 달라지는 것이 효과적이다. 그래서 이용자가 변화는 필요 없다고 하더라도 이를 그대로 수용하면서 다른 사람이 이용자가 원하는 대로 달라지면 자신은 또 어떻게 달라질지를 구체적으로 이야기하도록 하는 것이 도움이 된다(De

Jong & Berg, 2004). 예를 들어, 아들이 자신에게 좀 더 친절하게 대해 주기를 원하는 이용자가 "아들이 나에게 이야기할 때 좀 더 따듯하게 쳐다보고, 부드럽게 이야기할 거예요."라고 이야기했을 때, 사례관리자는 "아드님이 그렇게 했어요. 그럼 아드님은 어머니께서 어떻게 다르게 하는 것을 보게 될까요?"라고 질문하면서 이용자가 아들과의 관계에서 무엇을 다르게 해야 할지 생각하게 돕는다. 이처럼 자신은 변화가 필요 없다고 하는 이용자가 자신에게 초점을 돌리면, 원하는 변화를 만들기 위해 스스로 할 수 있는 일을 생각하게 된다(De Jong & Berg, 2004).

(8) 변화는 쉽지 않은 일이라고 강조하는 것

사례관리 과정에서 이용자는 자신이 변화를 시도할 때 잘되지 않거나, 다르게 해야 할 때가 있다. 이때 이용자에게 변화는 쉽지 않은 일이라고 강조하는 것이 중요하다. 이렇게 함으로써 사례관리자는 이용자의 자존심을 보호할 수 있다. 실제 이용자가 원하는 변화는 스스로 변화해야 가능한 일인데, 사람이 변화한다는 것은 매우 어려운 일이라고 해 줌으로써 더디게 변화하는 것을 일반화할 수 있다. 또한 사례관리자는 이용자가 거의 변화하지 못했거나, 조금만 변화했다 하더라도 이용자가 실패했다고 보기보다는 계속해서 열심히 노력하는 것에 초점을 맞춰야 한다. 만일 이용자가 원하는 변화를 빨리 이루어 냈다면 어려운 일을 해냈다고 생각해서 자존감이 높아질 수 있다(De Jong & Berg, 2004; Berg & Miller, 1992).

아울러 이용자에게 변화는 많은 노력을 통해 이루어질 수 있다고 이야기하는 것은 자신이 직접 참여해야만 변화할 수 있다고 알리는 것이며, 변화와 해결에 대한 책임감을 가지게 한다(De Jong & Berg, 2004).

2) 이용자와 일하는 데 도움이 되는 방법[3)]

강점관점 해결중심 사례관리는 이용자가 원하는 변화를 구체화해 나가는 과정이다. 이때 강점관점 해결중심 사례관리자는 '알고 싶어 하는 자세(not knowing posture)'로 이용자의 준거 틀(frame of reference)[4)]을 따라가면서 진행한다. '알고 싶어 하는 자세'는 이용자를 진심으로 궁금해하는 사례관리자의 행동에서 나타난다. '알고 싶어 하는 자세'를 취하는 사례관리자는 자기 생각이나 기대를 전달하는 대신 이용자의 이야기에 호기심을 가지고 더 많이 들으려고 한다(Anderson & Goolishian, 1992). 강점관점 해결중심 사례관리에서는 이러한 태도로 일하는 것이 효과적이라고 본다. 다음에서는 이러한 태도로 이용자와 일할 때 도움이 되는 방법을 살펴볼 것이다. 사례관리자가 이러한 방법을 잘 사용하려면 많은 연습과 훈련이 필요하다. 앞에서도 언급했듯이 페러다임이 다른 새로운 방법은 책을 읽고 머리로 이해할 수 있는 것이 아니다. 오로지 연습과 훈련을 반복하면서 몸으로 익혀 실천할 때 비로소 이해할 수 있다.

(1) 예외질문

예외는 이용자가 생활에서 문제가 일어날 것이라고 예상했지만 일어나지 않았던 상황을 말한다(de Shazer, 1984). 사람은 성공을 경험하고 자기 강점을 인식하면 그것을 생활에 도움이 되는 방법으로 활용할 수 있

---

3) 이 내용은 서울가톨릭사회복지회(2012: 58-65)에 수록된 내용을 수정 · 보완한 것이다.

4) 준거 틀이란 개인이나 집단이 자료를 평가하고, 생각을 전달하며, 행동을 결정하는 데 사용하는 개념과 가치, 기준, 관습, 견해 등을 말한다(dictionary.com).

다. 성공 경험과 강점을 활용하면 예외가 일어날 가능성이 높아지고, 그만큼 문제 해결을 위한 자원이 많아진다. 그러므로 사례관리자는 이용자가 예외를 발견하고 활용하게 도와야 한다.

예외를 알아보려면 먼저 이용자가 원하는 변화가 무엇인지 물어보고 예외, 즉 그 변화가 이미 조금이라도 일어난 때가 있었는지를 알아본다. 예를 들어, "지난 몇 주 동안 어머니가 바라는 그런 일이 조금이라도 일어난 때가 언제 있었나요?"라고 물어보거나 "어르신을 가장 잘 아는 분이 누구신가요? 그분에게 '최근 어르신이 지내는 게 조금 더 나았던 날이 언제 있었나요?'라고 물어보면 그분은 뭐라고 이야기할까요?"라고 질문한다. 여기서 예외가 있었다면 그것이 어떻게 일어날 수 있었는지 구체적으로 질문하고, 예외가 일어났던 상황이 문제가 일어났던 상황과 어떤 차이가 있는지 궁금해하면서 물어본다. 원하는 변화와 관련된 예외는 이용자가 과거 또는 최근에 성공한 경험이 있다는 것을 알게 해 변화의 동기를 향상시킬 수 있다. 예외 중 최근에 있었던 예외는 먼 과거에 있었던 예외보다 더 도움이 된다. 왜냐하면 이용자는 최근 경험을 더 상세히 기억할 수 있으며, 최근에 일어난 일이므로 먼 과거에 있었던 일보다 다시 하기가 더 수월하기 때문이다.

사례관리자는 예외를 알아보는 질문을 하면서 이용자가 일상생활과 다양한 환경체계와의 관계에서 긍정적인 것과 성공한 것에 관심을 두도록 격려하고, 강점과 자원을 발견하게 돕는다. 예외를 알아보는 과정에서 이용자가 자신이 이미 많은 강점과 자원을 가지고 있다는 것을 깨달으면 사례관리 과정에 더 적극적으로 참여할 뿐 아니라 미래에 대한 희망과 자신감을 가지게 된다. 이런 과정에서 사례관리자도 이용자와 같은 경험을 하면서 성장한다.

예외질문의 예

- 살아오면서 '이래서 그래도 잘 살았구나.'라고 무엇을 보면 알 수 있나요?
- 그런 일이 일어나지 않았을 때는 언제인가요? 그때는 어떻게 그럴 수 있었나요? 선생님이 어떻게 하셨기에 그런 일이 일어날 수 있었나요? 그렇게 해 보니까 지내실 때 뭐가 좀 달랐나요?
- 기적과 같은 때가 언제 있었나요? 혹시 아버님 친구분이 여기 계셔서 제가 똑같은 질문을 하면 친구분은 뭐라고 하실까요?
- 최근에 좀 괜찮았을 때는 언제였나요? 그때는 어땠나요? 그때는 무엇이 달랐나요?

(2) 대처질문

대처질문은 어떤 환경이나 상황에 압도된 이용자에게 그런 상황에서도 자신이 어떻게 견뎌 내고 있는지를 묻는 것으로(Berg, 1994), 이러한 질문을 통해 이용자는 자신을 어려운 상황에도 잘 대처해 나가는 능력이 있는 사람으로 인식하게 된다. 사례관리자는 이용자에게 어려움과 위기에서 어떻게 생활해 왔는지, 그런 상황에서도 어떻게 희망을 버리지 않을 수 있었는지 등을 질문하면서 이용자의 능력을 인정하고 강화한다. 그러면 이용자는 상황이 더 나빠지지 않도록 자신이 대처했던 방법과 강점, 능력을 발견하게 되며, 이는 역량 강화에 도움이 된다.

특히 오랜 시간 인생을 경험한 노인 이용자나 빈곤, 성폭력, 가정폭력 등 힘든 상황을 견뎌 온 이용자에게 대처질문은 매우 유용하다. 예를 들어, "그 상황에서 어떻게 견딜 수 있었나요?"라고 질문하면 이용자는 지금까지 자신이 해 온 방법을 떠올리면서 자신에게 어려움을 견뎌 내는 힘이 있다는 것을 알게 되고, 힘들었던 감정이 치유되면서 자신감을 회복하는 경험을 하기도 한다. 이런 경험을 거듭하면서 사례관리자는 대처질문이 예외를 탐색하는 질문의 한 형태라는 것을 발견할 수 있을 것이다(De Jong & Berg, 2004).

대처질문의 예

- 그렇게 힘든데도 어떻게 견딜 수 있었나요?
- 어머니 이야기를 들으니 얼마나 힘드셨는지 알겠네요. 그래서 더 궁금한데요. 그런 상황에서도 지금까지 어떻게 견뎌 오셨나요? 어디서 그런 힘이 나오나요?

(3) 기적질문

이용자에게 기적질문을 하면 이용자는 문제가 해결됐을 때 자기 생활이 어떻게 달라질지 상상하게 된다. 이때 이용자는 문제를 생각하는 대신 문제가 해결됐을 때를 생각하면서 자기가 원하는 것을 이전보다 더 구체적이고 명료하게 그려 볼 수 있다. 그러나 기적질문은 이용자가 원하는 변화가 무엇인지 알아보는 첫 시작에 불과하다(De Jong & Berg, 2004). 이 질문은 이용자가 미래에 있을 긍정적인 자기 모습과 상황으로 초점을 전환하게 하지만, 그동안은 문제에만 집중해 있었으므로 기적질문에 금방 대답하지 못하고는 한다. 이용자 대부분은 기적질문을 받고 난 후에야 비로소 문제가 해결되었을 때를 생각한다. 그러므로 사례관리자는 기적질문을 한 후 이용자가 구체적이고 실제로 해 볼 만한 미래를 그릴 수 있도록 후속 질문을 해 나가야 한다.

기적질문의 예

- 자, 이제 이상한 질문을 하나 하겠습니다. (잠시 멈춤) 제가 사무실로 돌아가고 나면 어머니는 저녁 시간을 평소와 같이 보내시고 밤이 되면 주무시겠지요. (잠시 멈춤) 어머니가 주무시는 동안 '기적'이 일어났어요! (잠시 멈춤) 그래서 힘들고 걱정하는 모든 것이 다 해결되었어요. (잠시 멈춤) 그런데 주무시고 계셔서 기적이 일어났다는 것을 모르시죠. (잠시 멈춤) 내일 아침에 일어나서 무엇을 보면 '와~ 밤새 기적이 일어났구나!' 하고 알 수 있을까요?
- 그리고 또 무엇이 있을까요?
- 그러면 기적이 일어났으니까 어머니는 예전과 어떻게 다르게 하고 있을까요?
- 어머니가 그렇게 하시면 아이는 어떻게 다르게 하게 될까요?
- 다른 가족은 밤새 어머니에게 기적이 일어났다는 것을 무엇을 보고 알 수 있을까요?
- 기적과 같은 일이 가장 최근에 언제 있었나요?

Tip 1 기적질문의 응용

사례관리자는 이용자의 상황에 더 적합하게 기적질문을 응용해서 사용할 수도 있다. 여기서는 노인 이용자에게 어떻게 기적질문을 응용해서 사용하는지 살펴보자.

노인 이용자에게 기적질문을 하면 "기적은 무슨! 죽으면 그만인데!"라고 하면서 시큰둥한 반응을 보이고는 한다. 노인 이용자는 삶의 주기에서 죽음에 가장 가까운 시기에 있다. 인생의 쓴맛 단맛을 다 경험한 노인 이용자는 이제 기적이라는 것을 생각할 필요가 없을 수도 있다. 그래서 기적질문을 그대로 사용하는 대신 죽음을 활용해 어떻게 하면 남은 삶을 좀 더 나은 인생으로 만들 수 있을지 알아보는 것도 도움이 된다. 이 질문의 초점은 죽음에 있는 것이 아니라 죽음을 생각하면서 남은 삶을 더욱 의미 있게 만들도록 돕는 데 있다. 따라서 이 질문은 이용자가 이미 죽음을 많이 생각하고 있고, 죽음을 준비하고 싶어 할 때 사용해야 한다. 사람마다 자기 삶을 어떻게 마무리하고 싶은지가 다르므로 아무리 나이가 많더라도 죽음을 생각하고 싶지 않은 이용자에게 이 질문을 사용하면 역효과가 날 수 있다. 따라서 이 질문을 집단프로그램이나 교육에서 사용하는 것은 적절하지 않으며 개별적으로 면접을 진행할 때 사용해야 한다.

다음은 노인 이용자에게 기적질문을 응용해 면접을 진행한 사례다.

사례관리자: 아버님, 병원에서는 뭐라고 하던가요?
이용자: 별말 없지 뭐.
사례관리자: 별말 없었어요? 퇴원은 언제쯤 하세요?
이용자: 모르겠어……. 돈 떨어지면 나가야지 뭐…….
사례관리자: 그럼 아버님이 생각하시기에 어느 정도 있을 것 같으세요?
이용자: 나야 당장이라도 나가고 싶지……. 그렇지만 좋아져야 나가니까…….
사례관리자: 그러시겠어요. 아버님, 병원에 계셔도 차도가 별로 없으신 편이세요?
이용자: 나이 먹으니까 그렇지 뭐…….

사례관리자: 그냥 그러니까 지내시기가 쉽지 않으시겠어요.

이용자: 그렇지. 빨리빨리 좋아지면 좋으련만…….

사례관리자: 아버님, 제가 오늘 아버님하고 평소에 나누던 이야기와는 다른 이야기를 나누어 볼까 하거든요. 괜찮으시겠어요?

이용자: 그래, 괜찮아…….

사례관리자: 감사합니다. 요즘 다시 아프셔서 병원에서 지내시니까……. 이럴 때는 누구든지 이런저런 생각을 많이 하잖아요.

이용자: 그렇지 뭐. 별별 생각 다 하지.

사례관리자: 제가 들어 보니까 병원에 계실 때 모두 많이 생각하시는 것 중 하나가 죽음에 관한 거라고 하시더라고요……. 아버님은 어떠세요? 아버님도 그러신가요?

이용자: 그럼, 나이가 있으니까 갈 날을 생각하게 되지. 다들 그럴 거야.

사례관리자: 예, 많이 그러시더라고요. 제가 오늘은 그것과 관련해서 여쭈어 볼까 하는데…….

이용자: 해 봐.

사례관리자: 감사합니다. 요즘 건강도 아버님이 제일 잘 아실 테니까……. 아버님이 생각하시기에 앞으로 어느 정도 살 수 있겠다는 생각이 드세요?

이용자: 글쎄……. 뭐, 잘 모르겠지만…… 1~2년은 더 살겠지 뭐. 더 살면 좋겠지만 요즘 같아서는 하루하루 안 좋아지니까.

사례관리자: 그러게요……. 그럼 아버님이 생각하시기에 앞으로 1~2년 정도는 살 수 있겠다 싶으세요?

이용자: 뭐, 그 정도 살겠지.

사례관리자: 혹시 그래도 그것보다 조금 더 살 수도 있겠다, 그렇게 생각하

세요?

이용자: 건강하면 더 살면 좋겠지만……. 뭐, 더 살아서 뭐하겠어.

사례관리자: 그러면 아버님께서 1~2년 정도 살 수 있겠다고 생각하시니까……. 한 2년 후에 눈을 감으실 때…… 내가 그래도 2년 이렇게 살아서 내 인생이 괜찮았다, 이렇게 생각하게 되셨어요. 혹시 어떤 일이 있으면 2년 후에 그렇게 생각하실 수 있으시겠어요?

이용자: 가는 길에 친구들이 많이 찾아와 주면, 그렇게 생각이 들 수 있을 것 같은데…….

사례관리자: 그러세요? 그러면 지금 생각하시기에 친구가 몇 분 정도 왔으면 좋겠다 싶으세요?

이용자: 한 명이라도 오면 좋지 뭐.

사례관리자: 생각하시기에 그럴 거 같으세요?

이용자: 친구 하나 있는데 다른 데 가 버렸으니 없지 뭐…….

사례관리자: 그러면 혹시 2년 후에 내가 눈감을 때 그 친구가 나를 찾아오면 2년 참 괜찮게 지냈구나, 그렇게 생각하실 수 있으신 건가요?

이용자: 그래, 그렇지. 그럼 얼마나 좋겠어.

사례관리자: 그러면 아버님이 바라시는 대로 친구분이 오시려면 어떻게 해야 될까요?

이용자: 그 친구는 못 와. 그 친구가 나보다 더 아픈데 뭐…….

사례관리자: 그러면 오시지는 못하더라도, 연락은요?

이용자: 연락이 올 수 없어.

사례관리자: 그래도 혹시나 연락이 되면…….

이용자: 연락해서 잘 지내는지 알면 좋지…….

사례관리자: 혹시 연락을 할 수 있나요?

이용자: 서로 안 한 지가 오래 돼서…….

사례관리자: 그럼 연락처는 알고 계세요?

이용자: 이사하고 나서도 얼마 동안은 연락을 하긴 했지……. 근데 좀 멀리 가서 다닐 수가 없으니…… 전화를 하긴 했었는데…… 아프다고 병원에 입원한다는 이야기 듣고는 뭐, 나도 병원 왔다 갔다 했으니까…… 그만 언젠가부터 뚝 끊겨 버린 거지 뭐. 다 그렇잖아. 근데 그 친구가 먼저 가면 내가 지켜 주고 내가 먼저 가면 그 친구가 지켜 주고 그러자고 나이 좀 들면서부터는 맨날 그랬었거든. 죽을 때까지 가까이 있을 줄 알았지.

사례관리자: 그러셨군요. 그럼 연락처는 알고 계시다고 하니까 아버님께서 연락해 보실 수 있으세요?

이용자: 사실 그 친구가 보고 싶다는 생각은 많이 했는데 막상 해 봐야지 하지는 못했거든……. 근데 선생님이 그렇게 물어보니까, 그래, 내가 저세상 가기 전에 못 만나면 그 친구 목소리라도 들어 봐야겠다 싶으네…….

사례관리자: 그러세요? 그럼 연락해 보시겠어요?

이용자: 그럴게. 퇴원하고 나서 해 봐야겠어.

사례관리자: 아버님이 연락하실 때나 그 후에라도 내 인생이 괜찮았다고 생각하게 하는 데 저희가 도울 게 있다면 이야기해 주시겠어요?

이용자: 그럴게……. 오늘도 선생님이 물어보지 않았으면 나중에 후회했을 거야.

(4) 척도질문

척도질문은 숫자를 사용해서 이용자의 변화 의지와 자신감, 동기, 현재 정도(상태) 등 막연하고 추상적인 개념을 구체적으로 표현하는 것으로 이용자가 자신의 상황을 객관적으로 바라보게 하는 데 도움이 된다(Berg, 1994). 또한 이용자가 원하는 변화로 나아가는 데 있어 다음 단계를 구체적으로 그려 보거나, 무엇을 조금 더 해야 하는지 확인할 수 있게 한다(Berg & Dolan, 2001). 아울러 사례관리자는 척도질문을 통해 이용자의 변화 정도와 종결 시점 등을 알 수 있다.

척도질문의 예

- 이번에는 점수로 여쭤 보겠습니다. 아버님께서 이야기한 대로 다 되었을 때가 10, 전혀 그렇지 않을 때가 1입니다. 현재 어디쯤인가요?
- 5라는 건 무엇을 보고 알 수 있나요?
- 지금까지 어떻게 하셨기에 5까지 올 수 있었나요?
- 지금보다 올라가서 6이 됐어요. 그때는 지금과 어떻게 다르게 지내고 있을까요?
- 아이는 3이고 어머니는 5라고 하셨는데 무엇이 다른 건가요?
- 지금보다 1만큼 더 나아졌어요. 그럼 영희 씨를 가장 잘 아는 친구한테 물어보면 그때는 지금과 어떻게 다르게 지내고 있을 거라고 말할까요?

Tip 2 척도질문의 범위는 어떻게 해야 하나요?

척도질문을 사용할 때, 1부터 물어봐야 하는지, 아니면 0부터 물어봐야 하는지, 반드시 10까지로 해야 하는지 등 그 범위를 어떻게 정해야 하는지 궁금해 한다. 척도질문의 점수는 0에서 시작하건 1에서 시작하건 상관없다. 이용자의 상황과 특성에 따라서는 (-)10에서 시작하는 것이 더 도움이 될 수도 있다. 대부분은 1에서 시작하는데, 이는 무엇이 있다는 것에서 출발한다는 의미가 될 수 있다. 하지만 이용자가 몹시 힘들어하고, 자신은 한 것이 전혀 없다는 이야기를 많이 한다면 0에서 시작해 보는 것도 괜찮을 수 있다. 아무것도 없는 상태에서 1이나 2까지라도 어떻게 올라갈 수 있었는지 물어보면서 예외나 칭찬할 만한 것을 알아볼 수 있다. (-)10에서 시작한 경우에는 0이나 1에서 시작할 때보다 조금만 올라가도 훨씬 더 힘든 상황에서 변화를 만들어 낸 것에 놀라워하고, 그렇게 할 수 있었던 능력을 칭찬할 수 있을 것이다.

(5) 관계성 질문

이용자는 자기 삶에서 달라지기 원하는 것을 이야기할 때 반드시 자신에게 중요한 사람과의 관계를 고려한다. 사람은 대부분 자신에게 중요한 사람과 상호작용하면서 살아간다(Mead, 1934, De Jong & Berg, 2004: 65에서 재인용). 그래서 희망과 능력, 한계, 변화 가능성 등을 생각할 때 자신에게 중요한 사람의 시각을 염두에 둔다. 관계성 질문에서는 이용자에게 중요한 사람(때로는 의미 있는 물건이나 동물 등 이용자에게 중요한 것은 무엇이든 사용할 수 있다.)과의 관계를 활용한다. 이용자에게 중요한 사람의 입장에서는 이용자의 상황과 변화 의지, 나아진 모습 등을 무엇을 보고 알 수 있는지 질문함으로써 이용자가 미처 생각하지 못했던 새로운 가능성을 발견하게 도울 수 있다. 또한 관계성 질문은 이용자가 자기 자신을 가까운 사람의 시각에서 관찰하게 하고, 실제 생활 속에서 자신이 중요하게 여기는 사람과 어떤 관계를 맺고 있는지가 매우 중요하다는 것을 알게 해준다(Berg & Dolan, 2001). 관계성 질문은 종종 척도질문과 대처질문 등 다른 질문과 함께 사용한다.

관계성 질문의 예

- 친구분은 철수 씨가 차분하게 이야기하는 걸 보면서 다른 사람과 이야기할 때 무엇이 달라졌다고 할까요?
- 딸이 전화했을 때 화를 내지 않고 이야기하면 두 분 사이는 지금과 어떻게 달라질까요? 딸에게 "어머니가 어떻게 그렇게 하셨나요?"라고 물어보면 딸은 뭐라고 이야기할까요?
- 돌아가신 할머니가 여기 계셔서 제가 할머니께 "손주가 지내는 게 지금 이야기한 것보다 1만큼 더 나아지면 어떻게 다르게 지낼까요?"라고 묻는다면 할머니는 뭐라고 말씀하실까요?
- 여기 담임선생님이 계신다고 상상해 보죠. 제가 선생님께 "민수가 학교에서 어떻게 하는 걸 보면 이제 여기 오지 않아도 된다고 하시겠어요?"라고 물어보면 선생님은 뭐라고 이야기하실까요?
- 순희 씨가 키우는 강아지가 이야기를 할 수 있게 되었어요. 그래서 강아지한테 순희 씨가 뭐가 좀 다르냐고 물어보면 뭐라고 이야기할까요?

(6) 칭찬

칭찬은 강점관점 해결중심 사례관리에서 매우 유용하게 사용되는 방법이다. 면접에서 사용하는 칭찬은 이용자가 잘하고 있는 것을 강조해 주는데(Berg & Szabó, 2013), 이용자가 원하는 변화를 이루는 데 도움이 되는 강점과 능력을 칭찬해 주는 것이 특히 도움이 된다. 사례관리자가 칭찬을 통해 이용자가 이미 잘해 온 것과 어려운 상황에서도 잘 견디어 오고 있는 것을 인정해 주면 이용자는 자신이 이해받고 있고, 사례관리자가 자신에게 관심이 있다는 것을 알게 되어 변화할 용기를 가지기 쉽다(Berg & Szabó, 2013).

그런데 칭찬은 많은 사람이 오해하는데, 그저 듣기 좋은 이야기를 하는 것이 아니다. 칭찬은 이용자와 원활한 관계를 유지하려고 이용자가 한 잘못을 눈감아 주고 좋은 말을 하거나, 이용자에게 친절하려고 하는 것이 아니라 이용자가 세상을 바라보는 그대로 믿어 주고 인정하며 수용하는 것이므로 이용자가 실제로 한 말과 표현한 감정에 근거해야 한다. 그런데 칭찬을 경시하거나 거부하는 이용자도 있으므로 사례관리자는 이용자가 반드시 칭찬을 받아들여야 한다는 생각에서 벗어나야 한다. 사례관리자가 이용자에게 칭찬하는 목적은 이용자가 자기 강점과 자원, 긍정적인 변화에 주목하게 하려는 것이다(De Jong & Berg, 2004).

강점관점 해결중심 사례관리에서는 칭찬을 모든 이용자에게 제일 먼저 시도할 수 있는 효과적인 방법으로 본다. 비자발적으로 온 이용자와 처음 만날 때 칭찬을 사용하는 것만으로 효과가 나타나기도 한다(Berg, 1994). 칭찬은 또한 이용자의 강점과 성공에 관해 더 많은 정보를 알아내는 데 도움이 된다(De Jong & Berg, 2004). 칭찬의 형태에는 직접 칭찬과 간접 칭찬, 자기 칭찬이 있다.

칭찬의 예

- 직접 칭찬: 이용자에 대한 실천가의 긍정적인 평가와 반응이다.
  - 아버님은 가족을 정말 사랑하시네요.
  - 와~! 대단하네요.
- 간접 칭찬: 질문을 통해 이용자의 긍정적인 측면을 알게 하는 것이다.
  - 어떻게 아이들이 자기 일을 알아서 할 수 있게 키우셨나요?
  - 만약 아이들이 여기에 있어서 아이들에게 "너희가 자기 일을 알아서 하도록 할머니가 어떻게 가르쳐 주셨니?" 하고 물으면 아이들은 뭐라고 이야기할까요?
  - 선생님은 시간을 가지고 기다려 주는 게 아이들에게 중요하다는 것을 어떻게 아셨나요?
- 자기 칭찬: 간접적으로 칭찬하는 질문에 이용자는 자기 칭찬으로 대답한다. 이용자는 자기 칭찬을 통해 자신을 긍정적으로 인식하게 되고, 사례관리자는 그것을 다시 직접 칭찬으로 더 강화해 나갈 수 있다.

사례관리자: 선생님은 시간을 가지고 기다려 주는 게 아이들에게 중요하다는 걸 어떻게 아셨나요?

선생님: 제가 그동안 아이들을 가르치면서 터득한 건데요. 아이들은 시간이 좀 필요하더라고요. 전 경험을 통해 알게 된 건 잘하는 편이에요.

(7) 이용자의 언어 사용하기

사람은 누구나 자기 경험이나 생활 습관, 전문성에 따라 익숙하게 사용하는 언어가 있다. 사례관리자도 역시 자신에게 익숙한 전문 용어를 사용하고는 하는데, 이는 이용자와 의사소통하는 데 방해가 될 수 있다. 일상에서 자신이 다른 분야에 종사하는 사람과 대화하는 장면을 상상해 보라. 사람들은 대부분 상대방이 생소한 용어를 사용하더라도 그것이 무엇을 의미하는지 묻기보다는 '그게 무슨 말이지?' 하고 속으로만 생각한다. 이처럼 생소한 단어 하나가 때로는 다른 사람의 말을 잘 경청하고 이해하는 데 방해 요소로 작용할 수 있다.

사례관리에서는 비자발적으로 왔거나 사례관리자와 다른 의견을 가진 이용자와 만나야 하는 경우가 많아, 이들과 효과적으로 상호작용하는 방법을 찾는 것이 특히 더 중요하다. 사례관리자와 이용자는 대부분 대화를 통해 상호작용하는데, 사례관리자가 이용자의 언어를 사용하면 이용자에게 이야기를 잘 경청하고 있다는 것을 알게 할 수 있으며, 좀 더 빠르게 협력관계로 나아갈 수 있다.

(8) '왜~' 대신에 '어떻게~'

면접에서 사례관리자가 '왜~'로 시작하는 질문을 사용하면 이용자는 그것을 자기가 한 행동이 잘못되어 추궁하는 것으로 여겨 방어적 태도를 보이고는 한다. 이용자가 이러한 태도를 보이면 협력하는 데 시간이 오래 걸린다. 사례관리자가 이용자와 협력관계를 빠르게 형성하고 유지하려면 '왜~' 대신에 '어떻게~'라고 묻는 것이 좋다. 또한 이용자가 별로 바람직하지 않거나 도움이 되지 않는 일을 했을 때는 '어떻게 해서'라는 질문을 사용해 이용자가 그 당시에 무슨 생각을 하고 그렇게 했는지 설명하도록 권유할 수 있다. '왜~'라는 질문 대신 '어떻게~'라는 질문을 적절한 어조로 사용하면 비난이나 공격적인 느낌을 완화해 준다(Berg & Szabó, 2013).

'왜'를 사용한 예

이용자: 선생님, 요즘 살기가 너무 힘들어요.

사례관리자: 왜요? 무슨 일이 있으세요?

이용자: 아이 아빠가 맨날 저러고 있으니…… 사는 게 너무 힘이 드네요. 어떻게든 일을 해야 하는데…….

사례관리자: 아빠가 왜 일을 안 하시는 거 같으세요?

'어떻게'를 사용한 예

이용자: 선생님, 요즘 살기가 너무 힘들어요.

사례관리자: 그러시군요. 어머니가 지내시는 게 어떻게 좀 달라졌으면 하시나요?

이용자: 아이 아빠가 허구한 날 저러고 있으니 못 살겠어요.

사례관리자: 그러시겠네요. 그럼 어떻게 달라지면 사는 게 좀 나아졌다고 알 수 있을까요?

(9) 단정적이지 않은 말투 사용하기

일반적으로 다른 사람과 대화할 때 자기 생각이나 입장을 잘 전달하려면 분명하고 똑똑하게 이야기하고, 단정적이며 확신에 찬 말투를 사용하라고 한다. 물론 자기 생각이나 주장을 다른 사람에게 알리려면 이런 말투로 이야기하는 것이 효과적일 것이다. 그러나 사례관리자는 이용자와 일할 때 자기 입장을 정확하게 밝히기보다 이용자의 이야기를 경청하고, 이용자와 협력하면서 변화를 만들어 가야 할 때가 더 많다. 그래서 강점관점 해결중심 사례관리에서는 단정적이지 않은 말투를 자주 사용할 것을 권한다. 예를 들어, 대화 중에 '~라고 이야기한 것으로 들리는데…….' '~가 궁금한데…….'와 같이 이야기하는 것이다. 면접에서 사례관리자가 이용자의 반응을 살피면서 단정적이지 않은 말투로 이야기하면, 이용자는 사례관리자가 자신을 평가하는 대신 자기 준거 틀을 따라 경청하고 있다고 여기게 되어 효과적인 상호작용이 이루어질 수 있다.

(10) '예~ 그리고 또는 그러면~(yes~ and~)'으로 이어지는 대화로 진행하기

이용자와 면접할 때 대화에서 '예~ 그런데~(yes~ but~)'라는 패턴이 나타나면 진행이 원활하지 못하다는 것을 재빨리 알아차려야 한다. 이러한 패턴은 사례관리자와 이용자가 둘 다 자기 입장에서만 이야기하고 있다는 것을 나타내는 것이므로, 사례관리자는 이것을 이용자의 준거 틀을 따라가지 않고 있다는 신호로 받아들여야 한다. 사례관리자는 면접에서 이용자가 하는 이야기를 이해하지 못했거나 자신의 생각과 다르다면 "예, 그러시군요. 그렇게 이야기하니까 제가 더 궁금하네요. 그러면~"이라고 대화를 진행하면서 더 많은 호기심과 질문으로 이용자의 이야기를 들으려고 해야 한다.

'예~ 그런데~'를 사용한 예

이용자: 아이들은 말을 안 들으면 때려서 정신 차리게 해야 해요.

사례관리자: 예, 그런데 때리면 도움이 되나요?

이용자: 물론 도움이 되죠. 그래야 말을 듣죠.

사례관리자: 그러시군요. 그런데 아이 입장에서도 도움이 될까요?

'예~ 그리고 또는 그러면~'을 사용한 예

이용자: 아이들은 말을 안 들으면 때려서 정신 차리게 해야 해요.

사례관리자: 예, 그러면 아이가 정신을 차리나요?

이용자: 잠깐은 정신 차리는 것 같은데 금세 또 그래요.

사례관리자: 예, 그렇군요. 그렇게 이야기하니까 더 궁금한데요. 그러면 아이가 좀 더 오래 정신 차렸으면 하시나요?

(11) '그럴 수밖에 없는 좋은 이유~' 또는 '그래야 하는 좋은 이유~'라고 질문하기

이용자는 때때로 일반적으로 받아들이기 어려운 이야기를 할 때가 있다. 예를 들어, 학대 신고를 받고 만난 부모가 "아이들은 때려서 키워야 해요."라고 한다든가 음주 문제가 있는 사람이 "술을 매일 마셔야 해요."라고 하면, 사례관리자는 이용자에게 틀렸다고 훈계하거나 설득하며 장황하게 설명하고 싶은 충동을 느끼게 된다. 이와 같이 소위 '문제를 부인하는' 이용자에게는 "저는 잘 모르지만 어머니가 그렇게 이야기하시는 좋은 이유가 있을 것 같은데…… 이야기해 주시겠어요?"라고 정중하게 묻고 답을 기다리는 것이 훨씬 더 효과적이다. 이러한 질문은 이용자가 하는 행동 배후에는 분명 사례관리자가 미처 생각하지 못하는 이유가 있을 것이며 그것을 알고 싶다는 메시지를 내포하고 있다. 이용자가 자신을 방어하는 상황에 놓이지 않게 하여 품위를 지키게 하는 것이야말로 이용자를 존중하고, 역량을 강화하면서도 부드럽게 자기 행동에 대한 책임을 지게 하는 방법이다(Berg & Wheeler, 2006).

(12) 면접 후 피드백

사례관리자가 면접을 한 시간 동안 진행한다면 이용자와 45분가량 면접한 후 5분 정도 휴식 시간을 취하면서 이용자에게 전달할 피드백을 작성한다. 가정방문을 갔더라도 이용자에게 "제가 오늘 이야기 나눈 것에 관해 생각할 시간을 잠시 가진 후 제 생각을 전달하려고 하는데요. 제가 잠시 생각할 시간을 가지기 전에 더 하실 이야기가 있으신가요?"라고 한 후 이용자가 더는 없다고 하면 피드백을 작성해 전달한다. 일반적으로 강점관점 해결중심 면접에서 이용자에게 주는 피드백은 칭찬과 연결문, 제안을 포함한다. 하지만 사례관리에서는 개입기간이 상대적으로 일반 상담보다 길고, 비자발적인 상황에서 만난 이용자가 많으므로 제안을 생략하고 면접에서 나눈 내용을 토대로 이용자의 강점과 예외, 변화가 있었던 점 등을 칭찬하는 것이 훨씬 더 효과적이다.

3) 강점관점 해결중심 사례관리 과정

최근 강점관점 사례관리가 주목을 받으면서 사정 단계에서 문제 파악에 덧붙여 실천가 입장에서 강점을 사정하고, 개입 자체는 기존 방식대로 하면서 강점관점 사례관리를 했다고 하는 일이 비일비재하다. 강점관점 해결중심 사례관리는 강점을 찾는 데 그치는 것이 아니라 강점관점 해결중심 접근의 원리와 특성을 사례관리 전 과정에 적용하면서 실천해야 한다. 강점관점 해결중심 사례관리 과정은 접수와 개입, 점검, 종결과 사후관리, 재개입 단계로 진행되는데, 각 단계별로 정해진 평균 회기 수는 없다. 예를 들어, 접수와 개입을 한 회기에 동시에 진행할 수도 있고, 여러 회기에 걸쳐 진행할 수도 있다. 회기 수는 사례관리자의 숙련도와 이용자의 상황에 따라 달라진다. 일반적으로 숙련된 사례관리자는 그렇지 않은 사례관리자보다 평균 회기 수가 적을 것이다. 강점관점 해결중심 사례관리 과정을 간단하게 살펴보면 다음과 같다.

(1) 접수

사례관리자는 접수 단계에서 이용자나 사례 의뢰자를 처음 만나게 된다. 전통적인 방법에서는 이 단계에서 이용자에 관한 자세한 정보를 수집하는데, 이는 주로 이용자의 문제에 관한 것이다. 그러면 이용자는 자기 문제가 다른 사람보다 얼마나 더 많고 심각한지를 이야기한다. 이용자는 사례관리자가 무엇인가를 해 줄 것이라고 기대하면서 반응을 살피고, 만일 서비스 지원이 어려울 것 같아 보이면 문제가 얼마나 심각한지를 반복해서 이야기한다. 이 과정에서 이용자는 서비스에 더 많이 기대하고 의존하게 되는데, 이렇게 되면 문제를 이야기하는 과정에서 혼자서는 아무것도 할 수 없는 무능력하고 심각한 문제를 지닌 존재가 되기 십상이다.

그러면 강점관점 해결중심 사례관리는 접수 단계에서 어떻게 다르게 하는가? 사례관리자가 만나는 이용자는 분명 어떤 문제나 어려움을 겪고 있다. 그럼에도 사례관리자는 문제를 알려고 하기보다는 이야기하는 문제가 해결되면 무엇이 달라질지에 초점을 두고 접수 단계를 진행한다. 이렇게 진행하면 이용자나 의뢰자는 문제에 초점을 두는 대신 자신이 원하는 변화가 무엇인지 좀 더 명확하게 알게 되므로 사례관리 개입으로 이어질 때는 물론이고, 그냥 종결하더라도 자신이나 주위 사람과의 관계에서 그러한 변화를 스스로 시도해 볼 가능성이 있다. 따라서 첫 단추를 잘 끼워야 한다는 말처럼 이용자와 처음 만나는 접수 단계에서 사례관리자가 어디에 초점을 두고 진행하는지는 이후 일을 해 나가는 데 크게 영향을 미친다.

(2) 개입

접수 단계에서 사례관리 개입에 합의하면 사례에 대한 개입 단계가 시작된다. 사례에 따라 개입 단계는 접수 단계와 한 회기에 함께 진행되기도 하고, 다른 회기에 따로 진행되기도 한다. 강점관점 해결중심 사례관리의 개입 단계는 ① 시작 합의, ② 이용자가 원하는 변화로 나아가기 위한 출발, ③ 강점과 예외 활용, ④ 자원 연계와 활용, ⑤ 이용자 성공의 확대와 강화로 진행된다. 이용자가 자신의 문제가 어떻게 해결되기를 바라는지 이야기하면서 사례관리 개입이 필요하다는 데 합의한다는 것은 사례관리가 자신에게 도움이 될 거라고 결정하는 것이며, 사례관리자와 함께 자기 생활에서 원하는 변화로 나아가는 데 필요한 예외와 성공의 경험을 시작한다는 것을 의미한다. 개입 단계의 각 과정을 구체적으로 살펴보면 다음과 같다.

① 시작 합의

이용자와 사례관리자가 사례관리 진행에 합의하면, 사례관리자는 이용자에게 "앞으로 어떤 게 달라지면 저를 만나기 잘했는지 알 수 있나요?"라고 질문하면서 이용자가 초점을 문제에서 자신에게 도움이 되는 변화로 전환하도록 한다. 실천현장에서는 종종 이용자가 사례관리에 참여한다는 동의서를 작성하는 것을 사례관리 진행에 대한 합의라고 생각한다. 그러나 이용자가 동의서를 작성하고서도 사례관리자와 만나기로 한 약속을 지키지 않거나, 거부하는 일이 일어나고는 한다. 이때 동의서 작성과정을 살펴보면, 사례관리자가 이용자의 문제를 파악한 후 이용자에게 그에 대한 해결방법으로 '~하시는 게 어떠세요?' '그럼 다음부터 ~하시는 거죠?' 등 모범 답안과 같은 대안을 제시하고 그중에서 선택해서 '함께하자고' 제안하는 경우가 많다. 그러면 이용자는 사례관리자가 하는 '좋은 이야기'에 거부할 수 없기에 스스로 동기가 생기기도 전에 "예, 그럴게요."라고 대답하고는 한다. 그리고 사례관리자는 이러한 상태를 이용자가 합의한 것으로 여긴다.

강점관점 해결중심 사례관리에서는 이용자의 준거 틀을 따라가면서 진행하는 것이 도움이 된다고 본다. 이용자의 준거 틀을 따라가면서 시작에 합의한다는 것은 사례관리자가 문제 해결 방법이라고 판단한 것을 실행하기 위해 이용자에게 동의를 구하는 것이 아니다. 그 대신 이용자가 중요하게 생각하고 원하는 것을 물음으로써 문제에서 벗어나 변화할 수 있다는 희망과 동기를 가질 수 있게 하는 것이다. 그러므로 강점관점 해결중심 사례관리에서는 사례관리자가 이용자의 준거 틀을 따라가되 이용자보다 한 걸음 뒤에서 시작하는 것이 효과적인 관계 형성에 도움이 된다고 본다.

② 이용자가 원하는 변화로 나아가기 위한 출발

사례관리자는 이용자가 현재 처한 문제 상황에서 자신이 원하는 변화로 나아가게 도와야 한다. 사례관리자는 이용자가 문제에서 벗어나 자기 삶이 어떻게 달라지기를 원하는지 구체적으로 그려 보게 해야 한다.

③ 강점과 예외 활용

사례관리자가 이용자의 강점과 능력에 초점을 맞춰 일하면 이용자가 원하는 삶을 구체적으로 그려 보는 과정에서 자연스럽게 이용자의 강점을 발견하게 된다. 그리고 이용자가 원하는 변화를 그리면 그 변화와 관련된 예외를 탐색할 수 있다. 이용자의 강점과 예외를 이야기하는 것은 자신이 원하는 변화로 나아갈 수 있다는 자신감을 가지는 데 도움이 된다. 자신이 잘하는 것과 이미 해 본 것을 다시 하는 것은 새로운 것을 하는 것보다 훨씬 쉽고 효과적이다. 그리고 자신의 강점과 성공 경험을 활용하는 방법을 가장 잘 아는 사람도 바로 이용자 자신이다.

④ 자원 연계와 활용

자원은 어려운 처지에 놓인 이용자가 삶을 변화해 나가는 데 도움이 된다. 그런데 이용자에게 과도하게 자원을 제공하면 오히려 복지 서비스에 대한 의존심이 커져 결국 스스로 할 수 있는 것까지도 하지 않을 수 있다. 따라서 자원 연계를 어떻게 하는가는 사례관리 실천에서 매우 중요하다. 특정 기준을 설정하고 그것에 따라 이용자를 분류해서 자원을 연결하면 사례관리자는 좀 더 쉽게 일할 수 있다. 그러나 특정 기준에서 같은 범주로 분류된 이용자에게 똑같은 자원을 연계하면 어떤 이용자에게는 약이 될 수도 있고, 어떤 이용자에게는 독이 될 수도 있다. 자원 연계가 이용자에게 약이 되게 하려면 연계한 자원이 이용자의 부족한 부분을 채워 주는 것이 아니라 이용자가 원하는 변화에 도움이 되는 것이어야 한다.

⑤ 이용자 성공의 확대와 강화

이용자는 보통 원하는 변화를 구체적으로 그리고, 강점과 예외를 발견 · 활용하며, 변화에 도움이 되는 자원을 연계하는 과정에서 성공을 경험한다. 이를 위해서 사례관리자는 이용자가 원하는 변화를 향해 나아가는 데 도움이 된 것이 무엇인지 함께 알아봐야 한다. 그리고 이용자가 이룬 성공이 아주 작다 하더라도 사례관리자는 그것을 확대 · 강화해 나가야 한다. 이러한 과정을 통해 이용자는 변화를 만들어 낸 주체가 자신임을 더욱 확실하게 인식하게 된다.

(3) 점검

이용자는 변화를 시작하면서 자신이 원하는 변화를 더욱 구체화해 나간다. 점검 단계에서는 그동안 원하는 변화를 위해 도움이 된 경험과 도움이 되지 않은 경험을 점검해 본다. 또 어떤 경우에는 이용자가 원하는 변화 자체가 바뀌기도 하므로 그것에 대한 점검도 이루어져야 한다. 만일 원하는 변화가 달라졌거나 지금까지는 도움이 됐다고 생각하고 해 온 경험이 더는 그렇지 않다고 하면 사례관리자는 지금까지 이용자와 해 온 것이 헛수고였다고 생각하기 쉽다. 그러나 사례관리자는 이용자가 그러한 경험을 통해 자신에게 어떤 것이 중요하고 도움이 되는지 더 잘 알 수 있는 기회를 가졌다고 여기고, 지금부터는 어떻게 다르게 할지를 이용자와 함께 찾아봐야 한다. 이용자도 자신이 처음과는 달라졌다는 것을 알게 된다면 지금까지의 경험을 오히려 성공 경험으로 생각하게 될 것이다.

(4) 종결

사례관리 전 과정에서 이용자가 스스로 변화를 만들어 가는 경험을 했다면 종결은 자연스럽게 이루어진다. 다시 말해서 사례관리 과정에서 이용자가 원하는 변화로 나아가는 데 이용자의 준거 틀을 따라가며 이용자의 강점과 성공 경험을 충분히 활용했다면 이용자는 종결이 필요한 시점을 알 수 있다. 왜냐하면 이용자가 지금까지 해 온 경험을 통해 이제는 혼자서도 자기 삶에서 변화를 만들어 나갈 용기와 의지가 생겼기 때문이다. 사람은 누구나 다른 사람의 도움 없이 무언가를 이루어 낼 때 성취감, 자존감 그리고 자신감이 높아진다.

(5) 사후관리와 재개입

사후관리는 종결 후에 이용자가 스스로 해 나가고 있는 것을 확인하고 지지하며 강화하는 과정인데, 이때 필요에 따라 추가 서비스를 지원할 수도 있다. 사후관리 진행 시기와 방법, 횟수는 사업이나 기관 특성에 따라 결정하면 된다.

재개입은 말 그대로 종결 후 사례관리자가 다시 개입하는 것을 의미한다. 이용자가 다시 찾아오면 사례관리자는 '내가 한 게 도움이 되지 않았구나!' '내가 뭘 잘못했나?'라고 생각하는 경향이 있다. 이때 강점관점 해결중심 사례관리자는 이용자가 자기 삶의 전문가이고 변화는 늘 있는 것이라고 믿으며, 왜 문제가 다시 일어났는지를 알아보는 대신 이용자가 그동안 무엇을 해 왔는지에 초점을 둔다. 그동안 이용자에게 성공이 없었다면 재개입도 필요하지 않으므로 어떠한 상황에서도 이용자의 성공과 강점에 초점을 두고, 오히려 이전 성공 경험을 활용해야 한다.

재개입 사례의 대부분은 개입기간이 이전보다 짧고, 개입회기도 적은 것이 일반적이다. 만일 재개입 사례의 개입기간이 길어지고, 회기도 많아진다면 이전 사례관리 개입과정에서 이용자의 역량이 충분히 강화되지 않았거나 아주 특별한 새로운 상황이 생겼다는 것을 의미한다. 이럴 때 사례관리자는 이전 개입과정에 대한 재검토를 통해 이전에 했던 것과는 다른 방법을 모색해야 한다.

Tip 3 **쉽게 이해하기**

몇 년 전 MBC에서 방영한 〈대장금〉이라는 드라마에서 최 상궁과 한 상궁이 밥 짓기 경합에 참여한 내용이 있었다. 이때 최 상궁은 가장 맛있는 밥을 짓는 비법에 따라 밥을 지었고, 한 상궁은 맛을 평가하는 사람 각각의 입맛에 맞춰 밥을 지었다. 시식 전에 두 상궁이 밥을 어떻게 지었는지 이야기하는 것을 듣고 그 자리에 있던 모든 사람은 최 상궁이 이길 것이라고 생각하였다. 그런데 뜻밖에도 승자는 맛을 평가한 사람의 입맛에 맞춰 각각 다른 밥을 지은 한 상궁이었다. 웃전에서 어떻게 이런 결과가 나올 수 있는지 평가한 사람들에게 묻자 그들은 각자 '평소 진밥을 좋아해서~' 또는 '평소 된밥을 좋아해서~'라고 대답하였다. 한 상궁은 맛을 평가하는 사람이 평소 어떤 밥을 좋아하는지 관찰해서 각자의 입맛에 맞춰 밥을 지었기에 먹는 사람의 만족도도 그만큼 컸던 것이다.

이처럼 한 상궁이 이길 수 있었던 이유는 맛있는 밥을 짓는 방법에 초점을 둔 것이 아니라 밥을 먹는 사람에게 초점을 두었기 때문이다.

강점관점 해결중심 사례관리도 이와 같다. 강점관점 해결중심 사례관리는 이용자에게 사례관리자의 판단이나 사정도구의 기준에 맞춰 서비스를 결정하고 제공하는 것이 아니라 이용자 한 사람 한 사람에 맞춰 다르게 진행하는 것이다.

제3장

강점관점 해결중심 사례관리의 실제

1. 접 수
2. 개 입
3. 점 검
4. 종 결
5. 사후관리와 재개입
6. 기타: 사례회의

노인 목수가 그리는 집은 충격이었습니다.

집을 그리는 순서가 판이하였기 때문입니다.

지붕부터 그리는 우리의 순서와는 반대였습니다.

먼저 주춧돌을 그린 다음 기둥, 도리, 들보, 서까래……

지붕을 맨 나중에 그렸습니다.

그가 집을 그리는 순서는 집을 짓는 순서였습니다.

일하는 사람의 그림이었습니다.

- 신영복의 『처음처럼』 중에서 -

1. 접수

기존 접근에서는 사례관리 접수 단계에서 주로 문제가 무엇인지 자세히 알아보고, 문제를 해결하기 위해 기관에서 할 수 있는 일과 할 수 없는 일이 무엇인지를 알리는 데 초점을 맞췄다. 반면 강점관점 해결중심 사례관리에서는 접수 단계에서 문제가 해결되었을 때 무엇이 달라질지, 그리고 이용자가 원하는 변화가 무엇인지를 알아보는 데 초점을 둔다.

강점관점 해결중심 사례관리에서는 접수 단계에서 개입 단계로 이어질 때 대체로 두 단계가 분명하게 구분되지 않고 진행된다. 따라서 이러한 사례는 개입 단계에서 다루고 여기서는 접수 단계에서 종결하는 사례를 중심으로 살펴볼 것이다.

1) 문제가 해결되었을 때 무엇이 달라질지 알아보기

이용자가 스스로 기관을 찾아왔건, 다른 기관에서 의뢰하였건 간에 사례관리자와 이용자는 해결해야 할 '문제'가 있기 때문에 만난다. 만일 '문제'가 없다면 서로 만나야 할 이유가 없을 것이다. 그리고 문제가 해결되었을 때 무엇이 달라질지에 대한 생각은 이용자가 살아오면서 해 온 경험과 그 경험을 어떻게 인식하고 있는지에 따라 각각 다르다. 다음은 문제가 무엇인지 알아보는 면접과 문제가 해결되었을 때 무엇이 달라질지를 알아보는 면접이 어떻게 다르게 진행되는지를 보여 준다.

문제가 무엇인지를 알아보는 면접	문제가 해결되었을 때를 알아보는 면접
이용자: 우리 아이가 공부나 잘했으면 좋겠어요. 내가 일을 하니까 잘 돌봐 주지도 못하고……. 나도 잘해 주지 못하지만 그래도 아이를 저렇게 놔둘 수는 없잖아요. 선생님을 찾아가면 아이가 공부를 잘할 수 있게 도와준다고 해서 왔어요.	이용자: 우리 아이가 공부나 잘했으면 좋겠어요. 내가 일을 하니까 잘 돌봐 주지도 못하고……. 나도 잘해 주지 못하지만 그래도 아이를 저렇게 놔둘 수는 없잖아요. 선생님을 찾아가면 아이가 공부를 잘할 수 있게 도와준다고 해서 왔어요.
사례관리자: 아이가 공부를 어느 정도 하나요?	사례관리자: 그러세요. 그리고 또 도움이 되었으면 하는 게 있으세요?
이용자: 형편없어요. 시험 보는 날도 모르는데 성적이 제대로 나올 리가 없죠. 저러다 뭐가 되려고 그러는지……. 속상해 죽겠어요.	이용자: 글쎄요, 아이가 공부를 잘하게 해 주시면 되는 거죠. 뭐 다른 게 있나요?
사례관리자: 그럼 학교는 제대로 가나요?	사례관리자: 그럼 전에는 아이가 지금과 달랐나요?
이용자: 안 갈 때가 많아요. 내가 일하러 가기 전에 학교에 데려다 주고 가는데 학교에서는 안 왔다고 연락이 오고 그래요. 그래도 일하다가 그냥 나올 수도 없고.	이용자: 어려서는 엄마 말도 잘 듣고 선생님 말도 잘 듣더니 이제는 머리가 커서 그런지 학교도 안 가고 시험이 언제인지도 몰라요.
사례관리자: 언제부터 그랬나요?	사례관리자: 그럼 아이가 어릴 때처럼 그렇게 했으면 하시나요? 아니면 그동안 지내보니 아이가 그때보다는 자랐기 때문에 다르게 생각하시는 게 있으신가요?
이용자: 어렸을 때는 그래도 좀 괜찮더니 이제는 머리가 커서 그런지 엄마 말은 듣지도 않아요. 어떤 때는 아이가 무섭다는 생각이 들어요.	이용자: 어릴 때처럼 돌아갔으면 좋겠어요.

사례관리자: 학교에 안 가면 어디에 가는지 아세요?	사례관리자: 예, 그럼 아이한테 어떤 점이 있기에 어릴 때처럼 돌아갈 수 있을 거라고 보시나요?
이용자: 뭐, 같이 노는 친구들이 있어요. 걔네는 다 학교 안 가거든요. 그러니까 더 불러내고 그러죠. 자기들끼리 몰려다니는가 보더라고요. 그러다 사고도 몇 번 쳤어요. 그러면 정신 차려야 되는데 더 같이 다녀요.	이용자: 나도 그랬거든요. 저 나이 때 나도 집 나와서 지내고 그랬는데, 지금 생각하면 그때 누가 이야기도 좀 해 주고 잡아 줬으면 지금보다는 더 낫게 살 텐데……. 그러니 공부를 좀 하면 학교 다니기도 좀 나을 것 같은데. 그래야 선생님도 한마디라도 더 좋은 이야기해 주실 거고.
사례관리자: 어떤 일이 있었나요?	사례관리자: 그럼 어머니가 이야기하신 대로 지내게 되셨어요. 그렇게 되었을 때 그것이 어떻게 도움이 되시나요?
이용자: 우리 애가 하는 건 아니고 시키나 봐요. 그래서 물건 훔치다 걸려 가지고. 아휴, 말도 마세요. 엄마가 고생하면서 사는 거 알면 안 그렇게 살려고 해야 하는데.	이용자: 엄마로서 아이한테 그래도 뭔가 해 준 게 있구나 싶어 떳떳할 수 있을 거예요.
사례관리자: 그것에 대해 아이와 이야기는 해 보셨나요?	

문제가 해결되었을 때 무엇이 달라질지를 알아보는 면접에서 이용자는 아이의 문제가 해결되면 '엄마로서 아이에게 떳떳할 수 있을 것'이라고 하였다. 지금까지 이용자는 아이가 문제라고만 생각했으므로 아이가 변화해야만 한다고 하였다. 그러나 이용자에게 무엇이 문제라고 생각하는지를 묻기보다는 문제가 해결됐을 때 무엇이 달라질지, 그렇게 되면 어

떻게 도움이 될지를 묻자 아이에서 자기에게로 초점을 전환하기 시작하였다. 그 시점부터는 "떳떳하시면 지금과 어떻게 다르게 하실까요?"라고 질문하면서 문제가 해결되면 구체적으로 어떻게 달라질지를 알아보게 된다. 그리고 이후 면접은 이용자가 이야기하는 변화와 관련된 예외와 강점을 알아봄으로써 이용자의 변화 가능성을 높일 수 있다. 그러나 면접을 문제가 무엇인지를 알아보는 방식으로 진행하면 앞의 대화처럼 문제가 언제부터 시작했는지, 얼마나 심각한지 등에 관심을 둘 수밖에 없다. 그래서 이후 면접에서는 사례관리자가 문제가 무엇인지 판단하고, 이용자에게 해결방법을 제안하게 되는 것이다.

처음 면접을 어떻게 시작하느냐는 전체 진행에 대단히 큰 영향을 미친다. 따라서 사례관리자는 이 점을 기억하고 처음부터 이용자의 문제가 해결된 미래 모습에 초점을 두고 진행해야 한다.

2) 이용자가 원하는 변화에 초점을 두고 진행하기

기존 사례관리 실천에서는 종종 사례관리자가 이용자에게 기관에서 하는 일을 소개하는 것으로 시작하는데, 이는 이용자가 기관에서 제공하는 서비스를 선택하게 하는 안내 역할을 한다. 그러나 개별 이용자에 대한 맞춤형 사례관리가 이루어지려면 사례관리자는 이용자를 처음 만난 순간부터 이용자가 원하는 변화에 초점을 두고 진행해야 한다. 이용자가 원하는 변화에 관심을 두고 면접을 진행하면 이용자는 자신이 존중받고 있음을 알게 되어 훨씬 더 협조하게 된다. 따라서 사례관리자는 언제나 이용자의 생각과 의견을 궁금해하면서 이용자와 만나는 것이 중요하다.

다음은 기관에서 할 수 있는 일을 알리는 데 초점을 둔 면접과 이용자가 원하는 변화에 초점을 둔 면접의 차이를 보여 준다.

기관 일을 알리는 데 초점을 둔 면접	이용자가 원하는 변화에 초점을 둔 면접
(전략) …… 이용자: 이혼하려고요. 사례관리자: 저희 기관에서 어떤 일을 하는지 알고 계신가요? 이용자: 잘 모르지만…… 나같이 힘든 사람 도와주는 곳이잖아요. 사례관리자: 예, 그렇지요. 그런데 이혼에 관련되는 일을 저희 기관에서는 하고 있지 않거든요. 이용자: 그럼 뭐하는 곳인가요? 사례관리자: 저희 기관은…… (기관에서 하는 일 소개)	(전략) …… 이용자: 이혼하려고요. 사례관리자: 예, 그러세요. 그럼 이혼과 관련해서 어떤 도움이 필요하신가요? 이용자: 살기가 너무 힘들어서요. 이혼하면 좀 괜찮을까 싶어서. 사례관리자: 그러시군요. 그럼 이혼하는 방법에 대해서 궁금하신 건가요? 이용자: 그것도 궁금하긴 한데……. 근데 제가 이혼하면 더 나을까요? 사례관리자: 그럼 제가 이렇게 여쭤 볼게요. 이혼하셨다고 생각해 보세요. 그리고 '내가 이혼하길 잘했다, 이혼하니까 괜찮다' 이렇게 생각하시는 게 10, '그렇지 않다'가 1이라고 할 때, 1부터 10 중에 어디인가요?

3) 다양한 접수 상황에서 진행하기

사례관리자는 접수 단계에서 이용자를 다양한 경로로 만난다. 먼저 이용자가 자발적으로 기관을 찾아오는 경우와 다른 사람의 의뢰로 원치 않는데도 사례관리자를 만나야 하는 비자발적인 경우가 있다. 이용자가 자발적으로 찾아온 경우에도 먼저 약속하고 기관을 찾아온 이용자, 먼저 약속하고 가정방문을 해서 만나는 이용자, 약속 없이 기관을 찾아온 이용자, 다른 사람이 권유해서 찾아온 이용자 등 다양하다. 다른 사람이 의뢰해서 이용자가 비자발적인 상태에서 만나야 하는 경우는 이용자에게 도움을 줬으면 좋겠다고 다른 기관이 연락해서 찾아가는 상황과 주변 사람이 이용자가 문제라고 연락해서 가정방문하는 상황이 있다. 이 외에도 접수 단계에서 몇 차례 만나지만 사례관리로 연결되지 않는 경우도 있다. 다음에서는 각각의 경우에 따른 구체적인 진행 예를 제시할 것이다.

(1) 이용자가 자발적으로 기관을 찾아왔을 때

이용자가 자발적으로 기관에 전화했거나 직접 찾아왔다면 이용자는 기관에 기대하는 것이 있다. 그러므로 사례관리자는 반드시 처음부터 이용자에게 무엇이 달라지기를 원하는지 물어봐야 한다. 그 이유는 이용자가 스스로 찾아온 자발성을 강소하고 그것을 강점으로 활용하기 위해서다. 이렇게 시작하면 이용자가 원하는 변화를 이야기하는 시점이 빨라지기도 한다. 이런 이용자에게는 보통 다음과 같은 질문을 사용한다.

- 이렇게 오셨는데 무엇이 좀 달라지면 '여기 찾아오길 (참) 잘했구나!' 하시겠어요?
- 절 만나고 난 후에 지내시는 게 어떻게 좀 달라지면 '만나길 잘했구나!' 하시겠어요?
- 여기 오셨는데, 도움이 되었으면 하고 기대하신 게 있으세요?

이용자가 자발적으로 찾아왔더라도 자기 생각보다는 다른 사람이 가 보라고 해서 왔다고 이야기하면 관계성 질문을 활용해 의뢰자의 생각을 알아보고, 이용자는 의뢰자와 같은 생각인지 아니면 다르게 생각하는지 묻는다.

사례

기관으로 약속하고 찾아온 경우

이용자: 저, 오늘 약속한 사람인데요…….

사례관리자: 예, 들어오세요. 잘 찾아오셨어요?

이용자: 예, 뭐 그런대로 쉽게 찾았어요.

사례관리자: 아유, 다행이네요. 오늘 이렇게 오겠다고 결정하시고 오셨는데, 여기 오신 결과로 지내시는 게 어떻게 좀 달라지면 여기 찾아오길 잘했구나, 하시겠어요?

이용자와 약속하고 가정방문한 경우

사례관리자: 계세요? 오늘 만나기로 약속한 ○○○입니다.

이용자: 아유! 안녕하세요. 들어오세요.

사례관리자: 예, 감사합니다. 전화 주셔서 이렇게 왔는데…… 저를 만나고 난 후에 지내시는 게 어떻게 달라지면 만나길 잘했구나, 하시겠어요? (또는 만나겠다고 하셨는데, 달라졌으면 하고 기대하신 건 어떤 게 있으세요?)

약속 없이 이용자가 찾아온 경우

이용자: 저…….

사례관리자: 들어오세요. 어떻게 오셨어요?

이용자: 지나가다가 적혀 있는 것 보고 와 봤어요…….

사례관리자: 그러세요? 그럼 어떻게 할까요? 제가 여쭤 볼까요? 먼저 이야기해 주시겠어요?

이용자: 뭐……. 먼저 물어보세요.

사례관리자: 예, 그러겠습니다. 지나가다가 적혀 있는 것 보고 들어오셨다고 했는데…… 들어오실 때 이런 게 도움되었으면 좋겠다고 기대하신 게 있으세요?

이용자: 아, 뭐……. 그냥…… 별로 없는데요.

사례관리자: 그런데도 어떻게 이렇게 찾아오셨어요?

이용자: 그냥……. 근데 여기서 뭐해요?

사례관리자: 더 나은 삶을 원하시는 분들이 필요한 것을 함께 찾아보기도 하고, 해 보기도 하는 등 여러 가지를 하고 있습니다.

이용자: 그럼 여기서 뭘 해 줄 수 있는데요?

사례관리자: 아까 적혀 있는 것 보고 오셨다고 하셨는데, 적혀 있는 것 중에서 해 줬으면 좋겠다고 생각하신 게 있으세요?

이용자가 찾아와서 '친구(또는 옆집 사람 등)가 여기 가 보라고 해서 왔어요.'라고 할 때

이용자: 저 오늘 약속한 사람인데요…….

사례관리자: 예, 들어오세요. 여기는 잘 찾으셨어요?

이용자: 예, 잘 가르쳐 주셔서 그래도 쉽게 찾았어요.

사례관리자: 아유, 다행이네요. 오늘 이렇게 오겠다고 결정하셨는데, 여기 오신 결과로 지내시는 데 뭐가 좀 달라지면 여기 찾아오길 잘했구나, 하시겠어요?

이용자: 전 뭐, 제가 아는 친구가 여기 찾아가 보라고 하더라고요.

사례관리자: 그래요? 그럼 친구분한테 뭐라고 이야기를 들으셨나요?

이용자: 뭐, 거기 가서 이야기하면 잘 도와줄 거라고 그러던데요?

사례관리자: 그러셨어요? 그럼 여기서 도움이 되었으면 하고 생각한 게 있으세요?

이용자: 친구가 제 사정을 잘 알거든요. 그래서 아마 가 보라고…….

사례관리자: 그럼 친구분이 사정을 잘 아신다니까 혹시 친구가 여기 같이 있어서 제가 친구분에게 "여기 오면 어떤 게 도움이 된다고 생각하셔서 가 보라고 하셨나요?"라고 물어보면 뭐라고 이야기하실까요?

이용자: 친구가 힘들 때 여기 왔었는데 도움이 많이 되었다고 하더라고요. 그리고 사실 제가 지금 그 친구보다 더 힘든 상황이거든요…….

Tip 1 **이용자도 처음부터 자신이 원하는 변화가 무엇인지 알기 어렵다**

강점관점 해결중심 사례관리를 갓 실천하기 시작한 사례관리자는 종종 이용자에게 '무엇이 달라지길 기대하는지' 물어봤는데도 잘 모르겠다고 하거나 대답을 하지 못한다고 이야기한다. 자신이 원하는 변화를 물었을 때 금방 대답할 수 있는 이용자는 드물다. 만일 주저 없이 이야기할 수 있다면 그 이용자는 이미 변화할 준비가 충분히 되어 있다고 봐도 좋다. 대부분의 이용자는 자기가 원하는 변화가 있긴 하지만 그것이 무엇인지는 구체적으로 알지 못한다. 그리고 이용자가 막연히 이루어지기를 바란 것이 있더라도 어려운 상황과 문제에 빠져 있으므로 그 변화가 구체적으로 어떤 모습일지는 생각해 보지 않은 경우가 대부분이다. 예를 들어, 사례관리자의 질문에 대해 이용자가 "잘 지내는 거요." "가족이 서로 더 많이 위하고 사랑하는 거요." "때리지 않으면……." "아이가 친구와 잘 지내면……."과 같은 대답을 했다고 하자. 이용자는 이러한 대답으로 인해 현실에서 자신이 원하는 변화를 구체적이고 행동으로 옮길 수 있는 첫발을 내디딘 것과 마찬가지다. 사례관리자는 이용자가 자신이 원하는 변화가 무엇인지 알게 도우려면 이용자의 대답을 확대하고 구체화해 나가면서 자신과 환경의 달라진 모습을 그릴 수 있게 질문해 나가야 한다.

(2) 이용자가 비자발적일 때

다른 기관이나 지역사회 주민이 이용자에게 어려움이 있으니 도와주라고 의뢰하는 경우에는 대부분 이용자가 비자발적인 상태에서 시작한다. 이때 사례관리자는 이용자를 어떻게든 설득해야 하는 부담을 가진다. 그러나 이용자가 비자발적일 때 설득해서 사례관리를 시작하면 사례관리 실천과정에서 이용자는 종종 "선생님이 하라고 그랬잖아요."라는 이야기를 해서 사례관리자를 당황하게 만든다. 사례관리자를 처음 만나 대화하면서 이용자의 생각이 '저 사람 정말 만나기 싫다, 만날 필요도 없다'에서 점차 '저 사람 만나는 게 그리 나쁘지 않을 것 같네'로 아주 조금만 달라져도 좋은 시작이라고 할 수 있다. 이용자와 사례관리자의 관계를 이용자는 도움이 필요한 사람이고, 사례관리자는 도와주는 사람으로 규정하면 이용자와 협력적인 관계를 이루어 나가는 것이 매우 어렵다. 오히려 이때는 사례관리자가 이용자에게 자기 일을 제대로 수행할 수 있게 도와 달라고 요청해서 이용자가 사례관리에 참여할지를 선택할 권한을 갖게 해야 한다.

① 다른 기관에서 의뢰해서 이용자에게 연락하거나 찾아갔을 때

사례관리자가 다른 기관의 의뢰를 받아 이용자에게 연락하거나 찾아갔을 때 이용자가 '아무 문제도 없는데 왜 전화를 했느냐!' 또는 '왜 찾아왔느냐.'라고 반응하면 당황하게 된다. 강점관점 해결중심 사례관리에서는 사례관리자가 이용자의 준거 틀을 따라가는 것이 중요하다. 따라서 이용자가 그렇게 행동하는 데는 그럴 만한 이유가 있다고 생각한다. 그리고 중립적 자세를 유지하면서 이용자가 어떤 생각을 하고 있는지 경청하려고 해야 한다. 사례관리자는 의뢰자와 이용자 중 누가 맞고 틀리는지 판단하는 사람이 아니라 이용자가 더 나은 삶을 만들어 가게 돕는 사람이기 때문이다.

사례관리자가 약속을 하고 찾아가도 이용자를 만나지 못하고 돌아올 때가 있다. 이럴 때 사례관리자는 보통 이용자에게 다시 연락해서 "지난번에 약속하신 거 잊으셨어요?"라고 묻는다. 사례관리자가 이렇게 묻는 것은 이용자를 못 만난 것이 아쉽다는 마음의 표현일 수도 있고, 무슨 일이 있었는지 걱정하는 마음의 표현일 수도 있다. 하지만 이용자는 이런 질문을 자신이 약속을 지키지 않은 것에 대한 비난이라고 여길 수 있다. 이용자가 이처럼 조금이라도 비난받는다고 생각하면 사례관리자와 협력

할 가능성은 낮아진다. 따라서 사례관리자가 이용자를 찾아갔는데 못 만났다는 사실을 간단하게 전하고, 무슨 일이 있었는지 걱정하는 마음을 표현하는 것이 도움이 된다. 비자발적인 이용자와 면접할 때는 더더욱 '이용자의 준거 틀'을 따라가려는 노력을 기울여야 한다. 다음은 의뢰자의 생각과는 달리 사례관리자를 만날 필요가 없다고 하는 이용자와 면접을 진행한 예다.[1)]

사례

전화통화

사례관리자: 여보세요?

이용자: 예, 여보세요?

사례관리자: 민호 어머니세요?

이용자: 예, 그런데요.

사례관리자: 아! 예, 저는 민호 학교 선생님께 소개를 받고 어머니께 연락을 드렸는데요. 혹시 어머니께서는 학교 선생님께 이야기를 들으신 게 있으세요?

이용자: 듣긴 들었는데요. 근데요, 전 선생님이 왜 그러시는지 모르겠어요. 근데도 꼭 만나야 하나요?

사례관리자: 예, 그러시군요. 혹시 어머니께서는 선생님한테 뭐라고 이야기를 들으셨는지 궁금한데…….

이용자: 아니, 뭐 그냥……. 우리 애가 학교에서 문제가 있으니까 상

1) 보건복지부, 솔루션센터(2006: 71-74)에 실린 사례를 수정해서 인용한 것이다.

담을 받으라고 하는데. 근데 뭐 우리 애만 그런 것도 아니고, 그리고 갑자기 무조건 만나라고 하니까……. 전 사실 정확한 이유도 모르겠어요. 그 이야기에 기분 나빴어요.

사례관리자: 그런데도 제 전화에 이렇게 이야기해 주셔서 감사합니다.

이용자: 아니, 뭘요. 제가 지금 좀 바빠서요. 꼭 만나야 돼요?

사례관리자: 아! 그러세요? 그럼 어머니께 한 가지만 여쭤 보려고 하는데……. 괜찮으세요?

이용자: 뭔데요? 빨리 말씀하세요.

사례관리자: 예, 알겠습니다. 제가 어머니께 한 가지 도움을 청해야 될 것 같은데요. 학교 선생님께 이야기를 듣고 어머니와 민호를 만나야 하는 게 제 일이거든요. 어머니 이야기를 잠깐 들어 보니까 학교 선생님과 생각하시는 게 다른 것 같은데……. 어머니는 저를 만나야 할 필요가 없다고 보시는 것 같은데……. 그래도 어머니가 저를 좀 도와주실 수 있으시겠어요? 저도 선생님께 '어머니와 이렇게 하기로 했습니다.'라고 이야기를 드려야 하는데……. 제가 도움을 청해도 될까요?

이용자: 아유! 선생님한테 유감이 있는 건 아니에요. 이렇게 전화를 해서 신경 써 주시는데……. 근데 기분 나쁘죠. 그렇다고 아이 선생님한테 뭐라고 할 수도 없고……. 이런 맘인데 내가 선생님을 만나고 싶겠어요?

사례관리자: 예, 그러시죠. 그래서 제가 부탁을 드리는 거예요.

이용자: 뭐, 그럼……. 그래도 오늘은 시간이 안 돼요.

사례관리자: 예, 그렇다고 하셨지요. 그럼 언제……?

이용자: 이틀 후 이 시간이면 돼요.

사례관리자: 예, 그럼 이틀 후에 찾아가면 될까요?

이용자: 그러세요.

이틀 후 방문했을 때 집에 아무도 없어서 만나지 못하고 다시 전화함.

사례관리자: 어머니, 이틀 전에 전화했던 ○○○입니다. 오늘 제가 댁으로 갔었어요. 안 계시던데…….

이용자: 아, 그때 전화하신 선생님! 맞다! 깜빡했어요.

사례관리자: 그래서 안 계셨군요. 무슨 일이 있나 했어요.

이용자: 아니에요. 아이고, 제가 약속을 깜빡했네요.

사례관리자: 예, 제가 다시 가겠습니다. 어머니 시간이 어떠신지 여쭤 보려고 연락했습니다.

이용자: 다음 주 금요일이요.

사례관리자: 그때가 괜찮으세요?

이용자: 예, 그날이 좋아요.

사례관리자: 그럼 몇 시가 좋으세요?

이용자: 애가 학교에서 오기 전이 좋겠어요. 오전에는 제가 잠깐 일 봐 주는 데가 있어서…….

사례관리자: 예, 그럼 그렇게 하지요.

이용자: 뭐, 제가 사실은 기분은 안 좋은데 꼭 만나야 되나요? 저도 참 곤란하네요.

사례관리자: 그러시죠.

이용자: 그러면 선생님은 언제쯤 괜찮으세요?

사례관리자: 저는 이번 주도, 다음 주도 괜찮은데 어머니는 언제가 좋으시겠어요?

이용자: 그러면 다음 주 월요일이요. 사실은 제가 아침 일찍 일을 나

가고 늦게 들어오는데…… 다음 주 월요일 오전에는 제가 늦게 나가니까…….

사례관리자: 월요일 몇 시쯤 찾아뵈면 될까요?

이용자: 글쎄요. 열 시? 열 시 반?

사례관리자: 그러면 열 시에 찾아뵙겠습니다. 괜찮으신가요?

이용자: 예.

사례관리자: 이렇게 허락해 주셔서 감사합니다.

이용자: 이렇게 한번 보는 건 해 볼게요.

---

② 주변의 신고나 연락으로 가정방문했을 때

강점관점 해결중심 사례관리에서는 사례관리자와 이용자의 협력을 중요하게 여기기 때문에 언제나 사례관리자만 이용자에게 도움을 준다고 보지 않는다. 주변의 연락으로 가정방문을 했을 때 이용자가 낯선 사람(사례관리자)의 방문을 싫어하고 거부하는 것은 당연하다. 이용자의 거부감을 줄이기 위해 사례관리자가 이용자에게 '문제'나 '어려움'이라는 단어 대신에 주변의 '걱정' 또는 '관심'이라는 단어를 사용하는 것도 도움이 된다. 이런 상황에서 사례관리자는 이용자에게 자신이 무슨 일을 하는 사람이며, 그것이 얼마나 좋은 일인지 장황하게 설명하기보다 오히려 앞의 민호 어머니의 사례처럼 사례관리자가 해야 하는 일을 도와 달라고 요청하는 것이 필요하다. 사례관리자가 이용자를 무조건 도움을 받아야 하는 사람이라는 생각에서 벗어나 누군가를 도울 수 있는 사람으로 바라볼 수 있을 때 이용자가 협력할 가능성이 높아진다. 다음은 이웃의 신고로 이용자

를 찾아가서 진행한 면접 예다.[2)]

사례

사례관리자: 저는 ○○○ 복지사라고 합니다. 이야기를 좀 하려고 왔는데요.

이용자: 예? 어디라고요? 왜 왔는데요?

사례관리자: 저는 근처에 있는 복지관에서 왔어요.

이용자: 복지관이요? 왜요? 지금 바쁘거든요?

사례관리자: 예, 그러세요.

이용자: 지금 청소하고 빨래하느라고.

사례관리자: 예, 그러시군요. 바쁘시겠네요. 그러면 제가 다음에 올까요? 그렇지 않으면 지금 왔으니까 한 5분, 10분 정도 이야기할 수 있을까요?

이용자: 그런데 무슨 일 때문에 오셨는데요?

사례관리자: 예, 궁금하시죠. 주위에서 어머니와 가족을 걱정하셔서 이렇게 왔습니다.

이용자: 그래요? 저희 집은 어떻게 아셨는데요?

사례관리자: 아, 예. 사무실로 연락 주셔서 알았습니다. 아마도 걱정하는 분이시겠지요.

이용자: 그래요? 그 사람들은 왜 남의 집 일에 참견이래요? 자기 일이나 잘하지. 우리는 잘 지내요. 그러니 필요 없어요.

사례관리자: 예, 그러세요. 어머니, 제가 하는 일이 이렇게 연락이 오면 찾

2) 보건복지부, 솔루션센터(2006: 69-70)에 실린 사례를 수정해서 인용한 것이다.

아가서 어떻게 지내시는지 여쭤 보고 그래야 하거든요. 어머니 이야기대로 잘 지내신다면 더 잘됐네요. 어떻게 잘 지내시는지 알려 주시겠어요?

이용자: 뭐, 그저 잘 지내는 거지, 귀찮게 왜 그래요?

사례관리자: 그러게요……. 저도 귀찮지 않게 하려구요……. 어머니께서 이야기하신 대로 어떻게 잘 지내시는지 이야기를 해 주셔서 저도 찾아오거나 이렇게 귀찮게 해 드리지 않고 싶어서……. 저 좀 도와주시겠어요?

이용자: 아니 뭐…… 그렇다면……. 그런데 지금…… 집도 지저분하고 내가 할 일이 좀 많은데요.

사례관리자: 아, 그렇다고 하셨지요. 그럼 나중에 다시 올까요? 아니면 지금 한 10분, 15분 정도 이야기하는 게 나으신가요?

이용자: 나중에 또 온다고요?

사례관리자: 예, 제가 어머니께 잘 지낸다는 이야기를 들어야 하거든요. 그게 제 일이라서……. 어머니께서 절 좀 도와주셨으면 하는데……. 부탁드립니다.

이용자: 알았어요. 대신 시간 오래 끄시면 안 돼요.

사례관리자: 예, 바쁘신데 도와주셔서 감사합니다!

이용자: 그럼, 잠깐만 기다리세요. 좀 치우고.

사례관리자: 예, 예. 기다리겠습니다.

Tip 2 **여러 번 가도 만날 수가 없어요!**

사례관리자가 방문하기로 약속하고 가정방문을 했는데도 이용자를 만나지 못하는 경우가 종종 있다. 이럴 때 이용자의 집에 메모를 남겨 다녀갔다는 것을 간접적으로 알려 주면 좋다.

사례관리자는 이용자가 약속을 지키지 않으면 보통 화가 나고 불평하게 된다. 그래서 다음에 이용자를 만나면 왜 약속 시각에 집에 없었는지 물어본다. 그러나 이럴 때는 무슨 사정이 있었는지 궁금해하는 메모를 다음처럼 남기는 것이 좋다. "오늘 2시에 약속한 ○○○ 사회복지사입니다. 왔는데 안 계셔서 뵙지 못하고 갑니다. 무슨 일이 있으신 것은 아닌지……. ○월 ○일 ○시에 전화로 연락드리겠습니다. 혹시 다른 시간이 더 좋으시면 ○○○○번으로 전화해 주십시오."

강점관점 해결중심 접근에서는 이용자와 있었던 일만 활용할 것을 권한다. 따라서 메모에 "오늘 만나지 못해 아쉽습니다." 등과 같이 자기 마음을 적극적으로 표현하는 것은 도움이 되지 않는다. 이용자를 아직 한 번도 만나지 못한 상황이므로 이용자가 과연 사례관리자를 만나고 싶어 하는지조차 모르기 때문이다. 그러나 사례관리자와 이용자 간에 관계가 이미 형성된 상태에서는 '아쉽다'는 표현을 해도 무방하다.

약속 없이 이용자를 찾아갔을 경우에는 메모 자체가 부담될 수 있다. 이럴 때는 이웃을 활용하는 것이 도움이 된다. 집 앞 가게나 포장마차, 노점이나 동네 이웃에게 "저 집을 찾아왔는데 아무도 안 계시네요."라고 하면 이용자를 만날 방법, 주변 사람과의 관계 등에 관한 정보도 얻을 수 있다. 그리고 이러한 정보를 이용자와 만났을 때 활용하면 도움이 된다.

(3) 사례관리로 연결되지 않고 종결되는 사례

기관에서 접수한 모든 사례가 사례관리로 연결되는 것은 아니다. 의뢰자를 자원으로 활용하고, 이용자의 강점이나 예외를 적극적으로 활용하면 접수 단계에서 종결해도 되는 경우가 종종 생긴다. 이용자나 의뢰자가 처음에는 도움이 필요하다고 생각했지만 면접을 통해 자기 강점이나 예외를 새롭게 알게 되어 혼자서도 해결할 수 있다고 생각하기 때문이다. 그러면 이용자는 기관을 나중에 도움이 필요할 때 다시 찾아올 수 있는 든든한 곳으로 생각할 수 있다.

① 정보 제공만 원하는 사례

사례관리자는 종종 이용자가 정보만 필요하다고 하면 단순히 자신이 알고 있는 정보를 알려 주거나, 기관에서 할 수 있는 것을 설명하면서 이용자가 정보만을 원했으므로 이용자가 원하는 것에 맞춰서 진행했다고 생각하고는 한다. 이렇게 하면 전문적으로 정보를 제공하는 기관(예: 취업정보센터)에서 하는 일과 별 차이가 없다.

이용자가 취업정보만 필요하다고 할 때 사례관리자가 '내가(또는 우리 기관이) 이용자에게 무엇을 해 줄 수 있는가?'를 먼저 생각하기보다 '이용자는 무엇이 달라지기를 바라고 찾아왔을까?' 그리고 '이용자가 이미 알고 있는 것 중에서 활용할 수 있는 것은 무엇일까?'를 항상 염두에 두고 면접을 진행하는 것이 도움이 된다. 따라서 "어떤 정보를 원하세요?"라고 묻기보다는 "여기 찾아오셨는데 무엇이 달라졌으면 하세요?"라고 물어보면서 정보에만 집중하는 이용자의 생각을 확대하고 이용자가 원하는 변화가 무엇인지 생각하게 도와야 한다. 이용자는 사례관리자에게서 정보만 필요하건 또 다른 무엇인가 원하는 게 있건 간에 모두 '정보가 필요해서'라고 말한다. 그러므로 사례관리자는 이용자의 준거 틀을 따라가면서 계속 질문해 나가야 하는데, 그런 과정에서 무슨 정보를 어떻게 알려 주는 것이 도움이 될 수 있는지 알 수 있다.

사례

이용자: 저 취업했으면 하는데요.

사례관리자: 예, 그러세요. 여기 찾아오신 게 도움이 되었다고 하려면 무슨 이야기를 하면 될까요?

이용자: 취업을 하려고 하는데……. 그래서 취업정보를 알고 싶어요.

사례관리자: 그러세요. 그럼 혹시 오시기 전에 알아본 게 있으세요?

이용자: 딱히 그랬다기보다…… 제가 일을 해야 하는데 일자리를 알아봐도 잘 안 되더라고요. 그래서 여기 오면 저보다는 더 많이 알고 있을 거 같아서요.

사례관리자: 예, 그렇게 생각하고 오셨군요. 그럼 여기서 취업정보는 처음 알아보시는 건가요?

이용자: 아니요, 그건 아니고요. 신문 구인광고도 알아봤고요, 동사무소도 갔었거든요. 근데 뭐 전화해 보면 벌써 구했다고 하고, 동사무소는 해당이 안 된다고 해서요.

사례관리자: 그러셨군요. 이미 알아보신 게 있으셨네요. 그럼 알아보실 때 이런 정보를 더 알면 도움이 되겠다 싶은 건 있으신가요?

이용자: 아니요, 아직은……. 그냥 정보가 많으면 좋지 않을까 해서요. 제가 뭐 다른 걸 알아봐 달라는 건 아니고요.

사례관리자: 그럼 정보만 많이 있으시면 되는 건가요? 혹시 여기서 달리 좀 더 도움이 되었으면 하는 게 있으신가요?

이용자: 아니요. 일단은 정보만 주시면 제가 알아서 할게요.

사례관리자: 예, 알겠습니다. 정보가 많이 필요하다고 하시니까 그럼 저희보다 정보가 더 많은 곳이 있는데 그곳을 알려 드릴까요?

이용자: 그냥 여기서 알려 주면 안 되나요? 또 다른 데 가기가 좀…….

사례관리자: 그러세요. 저희가 알고 있는 정보가 알아보신 것보다 한두 가지 정도 더 많은 것뿐이어서. 그거면 될까요? 혹시 더 많은 정보가 필요하신가요?

이용자: 저는 더 많은 정보가 필요해요.

사례관리자: 그래서 취업정보를 많이 알고 있고 또 그런 정보를 알려 주는 일을 하는 곳이 있는데……. 어떻게 할까요?

이용자: 그래요? 그럼 알려 주세요. 많이 알면 좋죠.

사례관리자: 예, 여기입니다. (알려 준 후) 어떠세요? 찾아오신 게 도움이 되셨나요?

이용자: 예, 좋은 곳 알려 주셔서 감사해요.

사례관리자: 다행입니다. 그리고 혹시 달리 도움이 필요한 게 있으신가요?

이용자: 아니요, 됐습니다.

사례관리자: 예, 그럼 이후에 지내시다가 다른 도움이 필요하거나, 알려 드린 곳에 가 보고 나서도 달리 도움이 필요하시면 연락 주세요.

이용자: 그럼 여기서는 어떤 걸 도와주나요?

사례관리자: 지금처럼 취업정보만이 아니라 혹시 취업하는 데 달리 준비하셔야 하는 게 있다거나 지내시면서 해결되었으면 하는 게 있으시면, 그리고 그 외에도 도움이 되었으면 하는 걸 이야기

하시면 저희가 듣고 할 수 있는 걸 도와 드립니다.

이용자: 그럼 나중에 필요하면 연락할게요.

---

② 단기면접 사례

여기서 단기면접은 기관에 따라 횟수는 다르지만 주로 3~5회기 이내에 자원 연계 없이 상담만 하고 종결하는 사례를 말한다. 강점관점 해결중심 사례관리에서는 이용자의 문제가 얼마나 복잡하고 심각한지에 따라 개입기간이 단기가 될지 장기가 될지 미리 판단하지 않는다. 문제 대신 이용자의 능력에 초점을 두면 문제의 복잡성과 심각성보다는 이용자의 변화 의지와 동기에 따라 개입기간이 달라진다. 강점관점 해결중심 사례관리에서는 이용자와 만난 순간부터 이용자의 강점과 능력에 초점을 두므로 때로는 단지 몇 회기 면접만 진행하고도 이용자에게 스스로 문제를 해결할 자신감이 생겨 종결하기도 한다.

다음은 단기면접만으로 종결한 사례다. 이용자는 중학생 딸을 혼자서 키우는 아버지로 아이 키우는 것이 너무 힘들어 아이를 시설에 보내려고 찾아왔다. 사례는 총 3회 상담으로 종결하였다. 흔히 이용자가 아이를 시설에 보내겠다고 이야기하면 사례관리자는 '부모가 아이를 키워야지 보내면 안 되는데…….'라고 생각해서 이용자에게 "아이를 왜 시설에 보내려고 하시나요?"라고 묻고는 한다. 그러면 이용자는 아이를 키우는 것이 얼마나 힘든지, 아이가 자신을 얼마나 힘들게 하는지 등을 이야기하면서 아이에게 문제가 많아서 시설에 보낼 수밖에 없다고 사례관리자를 설득하려 애쓴다. 이때 사례관리자가 '무슨 사정이 있기에 이용자가 이런 생각을 할 수밖에 없었을까?'라고 궁금해하면서 질문해 나가면, 이용자는 자신이 유일한 해결방법이라고 여기던 것에서 벗어나 자신의 상황에서 할 수 있는 최선의 선택을 좀 더 신중하게 생각할 수 있게 된다.

사례

1회 가정방문

(전략) ……

아버지: 지금까지는 혼자서 아이를 키웠는데 이제는 정말 못 키우겠어요. 말을 들어야지요. 이번이 한두 번도 아니고 나도 살아야지 않겠어요?

사례관리자: 혼자서 힘드셨겠네요. 한두 번도 아닌데 지금까지 어떻게 키워 오셨어요?

아버지: 그럼 어떻게 합니까? 애 엄마는 집 나가 버리고……. 애도 안됐지요. 엄마도 없이……. 그래서 어떻게든 키워 보려고 했는데……. 나도 너무 힘이 들어요.

사례관리자: 그러셨군요……. 그런데도 지금까지 어떻게든 키워 오셨네요. 어떻게 하실 수 있으셨어요?

아버지: 어떻게 합니까, 내 자식인데……. 지금까지는 괜찮겠지, 괜찮겠지, 하면서 버텨 왔는데……. 이제는 도저히 안 되겠어요. 한계예요, 한계.

사례관리자: 궁금한데 지금 아버지가 생각하고 있는 걸 아이도 알고 있나요?

아버지: 어저께 이야기했어요. 그래서 오늘 너 데리러 선생님이 올 거

라고 얘기해 놨어요.

사례관리자: 아, 그럼 아이는 자기를 데리러 온 줄 알고 있겠네요?

아버지: 내가 그렇게 얘기했으니 그럴 거예요.

사례관리자: 어제 그렇게 이야기했다고 하셨는데, 혹시 아이가 이야기를 듣기 전과 좀 달라졌나요?

아버지: 뭐……. 전에는 그냥 이야기만 했는데 이번에는 사람이 올 거라고 하니까 눈치를 좀 보는 것 같긴 한데……. 뭐, 잠깐 그런다고 뭐가 달라지겠어요?

…… (중략) ……

아이가 들어와서 함께 이야기함.

사례관리자: 아빠가 이야기했다고 하시던데 영희는 어떻게 알고 있어요?

영희: 몰라요…….

사례관리자: 나도 잘 모르겠는데……. 아빠가 뭐라고 했는지 모르는 거예요, 무엇 때문에 나랑 만나는지 모르는 거예요? 아니면 또 다른 게 있나요? 어떤 건지 이야기해 줄 수 있어요?

영희: 아빠가 나를 못 키우겠다고 그랬잖아요. 그럼 난 어떻게 해요?

사례관리자: 그 얘기는 영희는 아빠랑 생각이 다르다는 거 같은데…….

영희: 여기가 집인데 어딜 가요. 아빠만 힘든 거 아니거든요. 나도 힘들단 말이에요.

아버지: 그래, 우리 서로 힘드니까 너 편한 곳에 가서 살면 된다는 거야!

영희: 난 싫단 말이야!

사례관리자: 잠깐만요, 두 분이 의견이 다르신데, 제가 이렇게 여쭤 볼게

요. 두 분이 생각을 좀 해 주세요.

아버지: 물어보세요.

사례관리자: 예, 오늘 저를 만나셨잖아요. 제가 돌아가고 나서 두 분이 평소와 같이 지내셨어요. 그리고 밤에는 주무시겠지요. 두 분이 주무시는 동안에 '기적'이 일어났어요. 기적이 일어나서 지금은 힘들고 서로 의견이 다르지만 이런 모든 일이 다 해결된 거예요. 그런데 주무시느라고 기적이 일어났는지 모르시지요. 내일 아침에 일어났을 때 무엇이 달라진 걸 보면 '와! 밤새 기적이 일어났구나.' 하게 될까요?

아버지: 글쎄, 영희가 가방 챙겨서 학교에 간다고 하고……. 음, 아빠가 아침 식사 준비하는 것도 거들어 주고, 웃으면서 같이 밥 먹고 그러겠지요.

사례관리자: 아, 그러세요? 그럼 영희가 거들어 주고 웃으면서 밥 먹고 학교에 가고 그러는 걸 보셨을 때 아버지는 어떻게 다르게 하실까요?

아버지: 그러면 내가 맘이 얼마나 좋겠어요. 난 항상 영희가 엄마 없이 지내는 게…… 맘이 얼마나 짠한지……. 아이가 잘하면 나도 화 안 나고 그러니까 덜 미안하고……. 그것뿐이겠어요? 아이한테 고맙지요. 그래도 잘 자라 주고 있구나, 대견하고. 더 뭐가 있겠어요.

사례관리자: 그러시죠. 그럼 아버지가 영희를 대견하다 생각하고, 아버지도 고맙다는 걸 영희는 뭘 보고 알게 될까요?

영희: 알죠. 아빠가 그러면 말투도 다르고. 아빠가 들어올 때 발자국 소리만 들어도 난 알아요. 오늘 아빠가 기분이 좋구나, 오늘은 별로구나.

사례관리자: 그래? 어떻게 그렇게 잘 알 수 있지요?

영희: 우리 아빠니까요. 아빠가 혼자서 나 키우는 게 힘들다는 거 나도 알아요.

사례관리자: 그래? 그것도 알고 있고? 아버지! 영희가 발소리만 듣고도 아빠 기분이 어떤지 아는 거 알고 계셨어요?

아버지: 아니요……. 그걸 알아?

사례관리자: 그러게요. 아빠 발소리만으로도 기분을 알 수 있고……. 어떻게 그렇게 아빠한테 관심을 가지도록 키우셨나요?

아버지: 난 그런 거는 몰랐지요. 사춘기 시작되고는 말을 안 들으니까. 나도 걱정되고 불안하잖아요. 뭐, 텔레비전에도 보면 맨날 애들 사고 치는 거 나오고 그러는데……. 나도 잘 키우고 싶은데 그게 맘대로 안 되는 거 같으니까…….

사례관리자: 영희가 아빠 기분도 잘 살피는데……. 그리고 또 영희가 어떻게 하는 걸 보면 그래도 내가 영희를 잘 키웠구나 하시겠어요?

아버지: 글쎄 뭐……. 공부도 해야 하니 매일 아빠를 도우라는 것도 아니고, 내가 아주 힘든 날은 딴짓 안 하고 학교라도 잘 가면, 그것만 해도 그래도 나을 텐데…….

사례관리자: 그러시겠네요. 그리고 또 어떤 걸 보시면…….

아버지: 뭐, 그것만이라도 어디에요?

사례관리자: (영희에게) 영희가 그렇게 하면 아버지는 어떻게 달라질까요?

영희: 그럼 아빠가 야단도 덜 치죠. 아빠는 내가 하는 건 뭐든지 마음에 안 들어 하거든요. 그리고 내가 하는 건 무조건 믿지를 않아요. 그러니 내가 뭘 어떻게 하겠어요.

사례관리자: 그래서 기적이 일어나서 그런 게 다 해결되었어요. 그럼 아빠는 지금과 다를 텐데……. 그때는 무엇이 다를까요?

영희: 기적이 일어나서…… 그러면 아빠가 나를 믿어 줄 거고, '그건 하지 마라.' 그런 말보다 '이건 잘했다.' '이거 해라.' 그런 말을 더 하겠죠.

사례관리자: 아빠가 영희한테 그렇게 하셨어요. 그러면 영희는 어떻게 달라지게 되나요?

영희: 아까 아빠 이야기처럼 아무래도 학교도 더 잘 가고, 아빠를 돕기도 하고 그런 걸 더 많이 할 수 있죠.

사례관리자: 그래? 그리고 또 어떤 걸 할 수 있나요?

영희: 글쎄……. 그럼 우리도 지금보다 더 행복하지 않을까요? 엄마가 없어도…….

사례관리자: 그렇구나! 아버지는 어떠세요?

아버지: 저도 영희처럼 생각해요. 애 엄마는 없어도, 경제적으로 막 넉넉하지 않아도 그래도 우리는 행복하다고 생각하고 살 수 있을 거예요.

사례관리자: 아버지와 영희가 바라고 있는 게 같네요.

아버지: 그러네요.

영희: (웃음)

면접 후 피드백

사례관리자: 두 분과 이야기 나누면서 아버지와 영희 모두 지금보다 행복해지기를 바라고 계시다는 걸 알았습니다. 그리고 두 분이 바라시는 행복이 이루어지려면 지내시면서 지금과 어떤 게 달라져야 하는지 이미 잘 알고 계시다는 것도 알 수 있었습니다. 두 분을 만나서 이야기를 나누어 보니까 두 분이 지금보

다 행복하게 지내실 때를 떠올리게 됩니다. 두 분이 지금보다 행복해지려면 무엇이 달라져야 하는가를 잘 알고 있기에 행복으로 나아가는 것도, 그 반대로 나아가는 것도 두 분에게 달려 있구나 싶습니다. 그래서 두 분에게 행복으로 나아가는 연습을 제안하려고 하는데…… 어떠세요?

아버지, 영희: 예, 그러세요.

사례관리자: 영희가 아빠의 발소리만으로도 아빠 기분을 알 수 있을 만큼 서로 잘 알고 있고, 서로가 바라는 게 같다는 것도 알았으니까 오늘 이야기한 것 중에서 뭐라도 괜찮구요, 오늘 여기서 이야기는 안 했지만 또 생각나는 거라도 괜찮습니다. 두 분이 행복으로 나아가는 데 시작할 수 있겠다 생각하시는 거라면 무엇이든지 해 보십시오. 그리고 그렇게 하셨을 때 어떻게 달라지는지, 또 두 분이 바라고 계신 방향으로 가고 있는지 잘 보시고 다음에 한 번 더 만나서 이야기를 나누었으면 합니다. 어떠세요?

아버지와 영희가 모두 동의하여 3주 후에 다시 만나기로 함.

첫 회 이후 면접은 "그동안 지내시면서 나아진 게 무엇이 있나요?"라고 질문하면서 시작하는 것이 도움이 된다. 이때 대부분의 사례관리자는 "저를 만나고 난 후 어떤 게 나아지셨나요?"라고 묻고는 하는데, '저를 만나고~'라는 말을 하는 것과 하지 않는 것이 이용자에게 미치는 영향에는 차이가 있다. 사례관리자가 '저를 만나고~'라는 말을 자주 하면 이용자는 자신의 변화가 사례관리자의 도움으로 가능했다고 생각해서 의존심

을 가질 수 있다. 강점관점 해결중심 사례관리에서는 이용자가 스스로 변화를 만들어 나가도록 돕는 게 중요하다고 여기므로, 사례관리자가 사용하는 단어 하나하나도 세심하게 선택하는 노력과 훈련이 필요하다.

사례

2회 가정방문

사례관리자: 그동안 지내시면서 나아진 게 무엇이 있나요?

아버지: 우리 딸이 잘했어요. 나보다도 우리 딸이! 밥 차리는 것도 도와주고, 청소도 하고. 저도 우리 딸이 이렇게 할 줄 몰랐어요.

사례관리자: 그래요? (영희에게) 뭘 어떻게 했기에 아빠가 놀랐다고 하는 거죠? 이야기해 주겠어요?

영희: 뭐, 그때 아빠 이야기 듣고 생각을 했어요. 그러고 나니까 뭐……. 밥 차리는 거 도와주고 하는 게 어려운 것도 아니거든요.

아버지: 영희가 잘했어요.

사례관리자: (영희에게) 어떻게 그렇게 할 수 있었어요?

영희: 뭐, 맘먹으니까…….

사례관리자: 영희는 맘먹으면 할 수 있나 보죠?

영희: 그럼요. 저도 맘만 먹으면 할 수 있거든요.

사례관리자: 그래요? (아버지에게) 영희는 어떻게 그렇게 맘만 먹으면 할 수 있나요?

아버지: 어렸을 때부터 자기 생각이 있었어요. 자기가 생각한 건 뭐라

고 해도 안 돼요. 그대로 해야지.

사례관리자: 아! 영희가 어렸을 때부터 그랬군요. 그럼 이번에도 영희가 생각한 대로 한 건가요?

아버지: 아무래도 지난번에 이야기하고 나서 자기도 생각했을 테고. 나도 그렇고……. 또 지난번에 선생님 만나고 나서 우리가 바라는 게 같다는 것도 알게 되었으니까……. 그때 처음 알았거든요. 알고 나니까 어떻게 할까, 그런 걸 어느 때보다 더 많이 생각했으니까.

사례관리자: 그러셨어요? 영희는 어땠어요?

영희: 저도 그랬어요.

…… (후략)

3회 가정방문(1개월 후)

사례관리자: 그동안 지내시면서 어떤 게 나아지셨어요?

아버지: 아유, 이젠 편하네요. 내가 왜 우리 애를 다른 곳에 보내려고 했을까. 그 생각하면 부끄럽고 미안하다니까요.

사례관리자: 그래요? 편하시다니 궁금하네요. 어떻게 지내셨나요? 아버지는 어떻게 하시고 영희는 또 어떻게 했기에…….

아버지: 영희가 아빠 생각하는 게 보여요. 사실 다른 아이와 달리 부모 손길이 부족할 텐데도……. 그래도 차려 준 밥 먹으려고 하고 시간이 될 때는 치우고 가기도 하고, 제가 늦을 때 집에 오면 청소도 되어 있고 하니 저도 한결 편하고요. 사실 애 엄마가 해야 할 일을 영희가 하고 있는 거니까 저야 고맙고, 안쓰럽고 그렇지요.

사례관리자: 와~! 영희가 정말 대단하네요. 아버지 말씀처럼 엄마가 할

일도 하고요. 아버지가 어떻게 하셨기에 영희가 엄마 몫까지 하면서 학교를 다니고 그렇게 할 수 있었나요?

아버지: 뭐, 내가 한 게 있나요. 그래도 내가 맘이 섭섭한 게 덜하니까 짜증스러운 말도 덜하게 되고 그냥 고맙더라고요.

사례관리자: 영희한테 "아빠가 예전과 어떻게 다르니?" 하고 물어보면 뭐라고 이야기할까요?

아버지: 영희가요? 글쎄……. 지가 필요한 거 이야기하면 용돈도 더 잘 주고, 자길 믿어 준다고 할 거 같기도 한데……. 뭐라고 할라나?

사례관리자: 그래요? 어떻게 하셨기에 영희가 그렇게 이야기할 수 있나요?

아버지: 얼마 전에도 자기가 뭐를 사야 한다고 돈이 필요하다고 하더라고요. 전에 같으면 그런 거 뭐하러 사냐고 안 주거나 야단치고 주거나 그랬거든요. 그런데 이번에는 필요하다고 하기에 "그래, 알았다." 하고 줬어요. 영희가 놀라더라고요. "아빠 웬일이야?" 하면서. 그래서 제가 우리 딸이 필요하다고 하니까 주는 거지, 그러니까 영희가 그러더라고요. 아빠가 또 뭐라고 할 줄 알았다고. 그 말을 듣고 보니까 내가 그렇게 아이한테 야단을 많이 치고 그랬나 싶어 또 반성이 되더라고요.

사례관리자: 와~! 정말 어떻게 그렇게 하실 수가 있으시지요?

아버지, 영희: (웃음)

아버지: 그게 그런 거 같아요. 뭐라고 해도 나는 자기 아빠고 쟤는 내 딸이니까……. 참 희한한 게 섭섭하고 보기 싫던 마음도 그러니까 없어지더라고요. 그리고 내 마음이 달라지고 또 그렇게 하려고 하니까 또 다르고요.

사례관리자: 정말 아버지하고 딸이니까 하실 수 있으셨네요. 영희는 어

때요?

영희: 저도 그런 거 같아요. 사실 아빠가 싫었던 마음도 많았고 밉고 그랬거든요. 또 앞으로도 그럴 수 있고요. 근데 또 잘 지내려고 하니까 그것도 되는 것 같아요.

사례관리자: 정말 그러네요. 잘 지내려고 하니까, 아버지와 영희가 그러려고 하니까 정말 다르게 지내실 수가 있으시네요. 두 분이 그렇게 할 수 있을 줄 아셨어요?

영희: 아니요. 근데 이제는 할 수 있다는 거 알아요.

아버지: 예, 서로 애써야지요. 뭐, 앞으로 좋은 일만 있겠습니까? 사람이 사는 일인데. 그래도 애쓰는 거하고 아닌 거는 다르다는 거 아니까. 하여튼 고맙습니다. 이제 저희 잘 지내려고 애쓰면서 살겠습니다.

사례관리자: 예, 그러시리라는 거 저도 잘 알겠습니다. 한 가지 더 궁금한 게 있는데, 여쭤 봐도 될까요?

아버지: 예, 그러세요.

사례관리자: 아까 영희가 이야기했는데 앞으로 지내시다가 전처럼 다시 그럴 수도 있다고……. 혹시 앞으로 지내시다가 전처럼 지낸다 싶으실 때는 어떻게 하시겠어요?

아버지: 그렇겠지요. 어떻게 맨날 좋기만 하겠어요. 그래도 전 같지는 않을 거예요. 우리가 애쓴 게 있으니까……. 그래도 잘 안 되면 선생님께 또 연락드려도 될까요?

사례관리자: 예, 물론입니다. 필요하시면 언제든지 연락 주세요. 저 역시 아버지 말씀대로 전처럼 되더라도 애쓰신 게 있으니 전과 같지는 않을 거라고 생각합니다. 이번 경험을 생각하셔서 해결해 나가실 수도 있을 테고요.

아버지: 그럼요.

…… (후략)

2. 개입

강점관점 해결중심 사례관리에서는 실천 단계를 분명하게 구분하기 어렵다. 앞에서도 언급한 바와 같이 접수와 개입을 첫 회기에서 동시에 진행할 수도 있고, 여러 회기에 걸쳐 진행할 수도 있다. 개입 단계에서는 크게 이용자와 사례관리를 진행하기 위해 계속 만나기로 합의한 다음, 이용자가 원하는 변화를 알아보면서 그 변화를 만들어 내기 위해 강점과 예외를 활용하고, 필요한 자원을 연계 · 활용하며, 그 과정에서 성공한 경험을 확대하고 강화해 나간다. 여기서는 접수 단계에서 개입 단계로 이어지는 두 개의 사례를 살펴볼 것이다. '미영이네 사례'는 처음에 사례관리자의 방문을 거부했지만 곧바로 개입 단계로 이어진 사례고, '준희네 사례'는 사례를 의뢰한 다른 기관 실무자를 자원으로 활용해서 개입이 시작된 사례다.

1) 시작 합의

사례관리자가 이용자의 준거 틀을 따라가면 처음에는 사례관리자와 만나기를 거부하는 이용자도 존중받는 경험을 하게 되면서 사례관리 개입에 협조할 가능성이 높아진다. 다음에서는 접수 단계에서 시작해 개입 단계에서 이용자와 시작을 합의하는 과정을 어떻게 진행하는지 살펴보자.

(1) 방문을 거부하는 이용자와 시작하기

사례관리자가 가정방문했을 때 이용자가 '난 잘 지내고 있으니 만날 필요가 없다'고 하면 사례관리자는 '이용자가 잘 지낸다는 이야기를 믿어야 하나?'라고 고민한다. 이는 사례관리자는 반드시 올바른 판단을 해야 하거나 해결방법을 제시해 줘야 한다는 생각에 사로잡혀 있기 때문이다. 만일 사례관리자가 자신의 역할을 이용자가 한 이야기의 사실 여부를 가리는 것으로만 생각한다면 이용자가 잘못 생각하고 있다는 것을 알려 주려고 질문하거나 설명할 것이다. 그러나 이때 사례관리자를 만날 필요가 없다고 이야기하는 이용자를 오히려 '다른 사람과는 다르게 자기 상황에 아무 문제도 없다고 보는 사람'이라고 보면 도움이 될 수 있다. 강점관점 해결중심 사례관리자는 어떤 상황에서도 이용자와 협력하기 위해 어떻게 해야 할지를 고민하여 실천해야 하므로, 만나기를 거부하는 이용자에게 사례관리자는 오히려 '잘 지내고 있으니 좀 도와 달라'고 요청해야 한다.

사례관리자가 아무리 좋은 일을 하는 사람이라고 하더라도 낯선 사람이 방문했을 때 "예, 어서 오세요." 하면서 반겨 줄 이용자는 없다. 또한 사례관리자가 아무리 자신에게 도움을 줄 수 있는 사람이고, 좋은 사람이라고 설명해도 그 이야기를 선뜻 받아들일 이용자는 거의 없다. 방문을 거부하는 상황에서는 이용자가 사례관리자를 만날 만한 사람이라고 생각할 수 있게 도와야 한다.

사례

미영이네

요구르트 아줌마가 이용자 집 창고에서 아이 우는 소리가 난다고 기관에 연락하였다. 요구르트 아줌마는 아이 엄마로 보이는 사람에게 아이 이야기를 하면 화만 내서 말도 붙일 수 없다고 하였다. 아이가 창고에 갇힌 지 두세 시간은 된 것 같다고 하였다.

 # 가정방문

사례관리자: 계세요?

엄마: 누구세요?

사례관리자: 저는 ○○ 복지관에서 일하는 사람인데요.

엄마: 왜 왔는지 아니까 그냥 가세요. 사람들은 왜 남의 일에 간섭이 그렇게 많은지……. 아까도 요구르트 아줌마가 우리 일에 하도 간섭을 해서 귀찮아 죽겠던데……. 그 사람이 연락한 거죠? 가세요. 난 할 말 없으니까.

사례관리자: 예, 제가 연락받고 왔습니다. 그래도 혹시 조금이라도 이야기를 나누었으면 하는데…….

엄마: 할 말 없다고 하는 거 안 들려요? 할 말 없다는데 왜 그래요? 우린 아무 일 없이 잘 지내고 있거든요! 아니, 아이가 말 안 들으면 혼도 내고 그럴 수 있는 거 아니에요? 잘 지내고 있으니 가세요.

사례관리자: 예, 그러시군요! 그럼 더 잘 되었네요. 사실 저는 이렇게 연락받고 나오면 괜찮은지 아닌지 그런 걸 알아야 하거든요. 그럼

어머니께서 절 좀 도와주세요.

엄마: 뭐라고요? 저한테 뭘 도와 달라는 거죠?

사례관리자: 어머니 이야기대로 잘 지내고 계시다는 걸 제게 알려 주셔서 이렇게 다시 찾아오는 일이 없도록 어머니께서 도와주세요.

엄마: 그래요. 잘 지내고 있어요. 가서 그렇다고 하면 되잖아요. 다시는 오지 말아요. 사람들이 왜 그렇게 할 일이 없는 건지 원…….

사례관리자: 예, 그러니까 어머니께서 이야기하신 대로 되려면 어머니가 도와주셔야 저나 또 다른 사람이 오지 않을 수 있거든요.

엄마: 내가 도와줘야 된다고요? 그래야 오지 않게 된다고요?

사례관리자: 예, 오지 않게 어머니가 도와주세요.

엄마: 그럼 뭐……. 그렇다면 할 수 없죠. 뭐, 그럼 어떻게 해야 되는데요?

사례관리자: 그럼 제가 잠깐 들어가서 이야기해도 될까요?

엄마: 그러세요. 그럼 잠깐 들어오세요.

사례관리자: 감사합니다.

(집 안으로 들어가서)

사례관리자: 아까 어머니가 잘 지내신다고 하셨는데……. 어떻게 지내시는지 궁금해요. 제게 이야기해 주시겠어요?

엄마: 아니 뭐……. 안 아프고 밥 잘 먹고 그러면 잘 지내는 거 아니에요?

사례관리자: 안 아프고 밥 잘 먹고……. 어떻게 그렇게 해 주시나요? 아이들은 그러지 못할 때가 많잖아요.

엄마: 그저 있는 대로……. 재랑 같이 산 지도 3달 정도밖에 안 돼

요. 나랑 있으면서는 내가 그렇게 하려고 했다는 거죠.

사례관리자: 아, 그러셨군요. 어머니께서 같이 산 지 3달 정도 되었다고 하셨는데 그럼 3달 전에는 다른 곳에서 살았나요?

엄마: 전에는 걔 친엄마랑 살았죠. 나도 사실 키우려고 한 게 아닌데 애 친엄마가 아프다나 봐요. 남편이 그냥 데려왔더라고요.

사례관리자: 남편이 그냥 데려왔는데도 어떻게 잘 지내실 수가 있으세요? 쉽지 않은 일인데…….

엄마: 쉽지 않죠. 걔가 얼마나 여우인지……. 내가 속이 터져요.

사례관리자: 그러니까……. 그런데도 잘 지내도록 어떻게 그렇게 하세요?

엄마: 그럼 어떻게 해요. 내가 밥 챙겨 주고 해 줄 거 다 해 줘도 나가서 동네 사람들 만나면 밥 금방 먹고도 밥 안 먹었다고 그래요. 그럼 사람들은 저를 뭐로 생각하겠어요? 계모니까 아이 밥도 안 주나 보다 그럴 거 아니에요.

사례관리자: 정말 들을수록 쉽지 않으시겠구나 싶은데……. 어머니께서는 사람들이 새엄마라서 그런다, 그런 이야기하는 걸 듣지 않으시려고 애를 쓰고 계시네요.

엄마: 나도 지금 남편하고 재혼이거든요. 내가 미영이를 보면 우리 아이들 생각이 나요. 우리 애들도 새엄마랑 사는데……. 내가 잘해야지 우리 아이들도 새엄마가 잘해 줄 텐데……. 그런 마음에서요.

사례관리자: 많은 걸 생각하시네요. 그럼 3달 정도 되셨다고 하셨는데, 처음하고 3달이 지난 지금하고 그동안 어머니가 애도 쓰시고 하셨는데 어떤 게 좀 나아지셨나요?

엄마: 한다고 하면 뭐해요. 사실 내가 시간이 지날수록 더 약이 오르고……. 맘을 그렇게 먹었다가도 미영이가 하는 짓 보면 내

가 제일 나쁜 년이 된다니까요.

사례관리자: 그런데도 어머니 이야기를 들어 보니까 계속 애를 쓰고 계신 거 같은데…….

엄마: 애는 써야지요. 앞으로 같이 살아야 하는데 어쩌겠어요?

사례관리자: 미영이도 그렇게 알고 있나요?

엄마: 그런 거 같기도 하고, 아닌 거 같기도 하고……. 그런데 하여간 친엄마가 아파서 같이 살 수 없다는 거 알고는 있을 텐데……. 하는 거 보면 그리고 자기 아빠한테 이야기하는 거 보면 자기 엄마한테 가려고 그러는 거 같기도 하고……. 여우도 그런 여우가 없어요.

사례관리자: 그런데도 어떻게든 애를 쓰시네요. 들을수록 쉽지 않을 거 같은데……. 어떻게 그렇게 하세요?

엄마: 나도 같이 살아야 하니까 그러는 거예요. 자기가 뭐 어떻게 살든 상관 안 하면 나도 편할 수 있어요. 그렇지만 같이 사는데 어떻게 그냥 둬요. 애가 애 같아야 하는데, 쟤는 속에 여우가 열 마리는 들어앉아 있다니까요.

…… (중략) ……

피드백

사례관리자: 우선 오늘 이렇게 만나 주셔서 감사합니다. 어머니 이야기를 들으니 어머니가 미영이와 지내는 데 애를 많이 쓰고 계시다는 걸 알 수 있었습니다. 힘드신데도 그렇게 애를 쓰는 게 단지 지금의 가족뿐 아니라 어머니의 아이들을 생각해서 그런

다는 이야기를 듣고 여러 가지를 고려하는 분이시라는 것도 알 수 있었습니다. 저도 어머니가 애를 쓰시는 게 미영이뿐만 아니라 어머니 아이들에게도 좋은 영향을 미칠 것이라는 이야기에 동의합니다. 그래서 지금 가족들과 어떻게 잘 지내는가가 무엇보다도 중요하실 테고요. 그래서 어머니가 괜찮으시다면 저와 미영이도 만나고, 앞으로 가족이 살아가는 데 어떤 것이 도움이 될 수 있는지 찾아보기도 하며, 연습도 하고, 그럴 수 있을 것 같습니다. 어머니는 어떠신지요? 그런 것이 필요하신지 여쭤 보고 싶은데요.

엄마: 필요하지요. 정말 3달을 같이 지냈지만 못 키우겠다는 생각이 하루에 수십 번도 더 들어요. 앞으로 함께 살 일이 캄캄해요. 그럴게요. 그런데 어딜 좀 가야 하거든요. 일을 하려고 하는데 일자리 찾기가 어렵네요. 오늘 같이 가기로 약속한 데가 있어서…….

사례관리자: 예, 그럼 나가 보셔야 하니까 다음에 다시 이야기하도록 하지요.

…… (중략) ……

사례관리자: 어머니, 그럼 다음에 만날 때 앞으로 어떤 것을 하면 가족이 지내는 데 도움이 될 수 있을지 생각해 보시고 이야기해 주시겠어요?

엄마: 그럴게요. 그럼 다음에 오세요.

(2) 다른 기관에서 의뢰한 이용자와 시작하기

다른 기관에서 이용자를 의뢰할 때 의뢰자는 보통 이용자의 문제를 이야기하는 경향이 있다. 그러면 사례관리자도 이용자의 문제에 초점을 두기 쉬우므로 사례관리자는 의뢰자에게 이용자가 어떻게 달라지기를 기대하고 의뢰했는지 물어야 한다. 예를 들어, 학교사회복지사에게 학생을 의뢰한 학교 선생님에게 "선생님께서는 진수가 여기 온 후 어떻게 달라졌으면 하시나요?"라고 묻는다. 그럴 때 학교 선생님은 여전히 문제를 이야기하기 쉬운데 그래도 끝까지 어떻게 달라지기를 바라는지 물어야 한다. 그래서 학교 선생님이 "진수가 학교에서 반 친구들과 사이좋게 지냈으면 좋겠어요."라고 답하면 "선생님은 진수가 그렇게 할 수 있는 아이라는 걸 무엇을 보고 아셨나요?"라고 질문하여 의뢰자도 사례관리자와 함께 아이의 강점과 능력에 초점을 맞추면서 아이의 변화를 돕는 자원으로 활용한다. 사례관리자는 사례를 의뢰받았을 때 다음 사항을 염두에 두면 도움이 된다.

- 의뢰자는 이용자가 어떻게 달라지기를 기대하고 있는가?
- 의뢰자나 이용자 주변 사람이 이용자에게 했던 것 중 효과가 있었던 것은 무엇인가?
- 이용자와의 첫 만남을 원활하게 하려면 누가, 언제, 어디서, 어떻게 만나 이야기하면 도움이 되겠는가?

강점관점 해결중심 사례관리에서는 이용자의 주변 사람 중 변화 동기가 있는 사람과 먼저 시작하면 그 영향이 이용자에게도 미칠 것이라고 믿는다. 작은 변화는 큰 변화로 이어지므로 반드시 문제로 지목받은 사람과 시작해야만 하는 것은 아니다. 오히려 변화 동기가 가장 많이 있는 사람이나 문제로 지목받은 대상이 변화하는 데 도움이 될 사람이 누구인지 알아내서 그 사람과 먼저 시작하는 것이 효과적이라고 본다.

사례

준희네

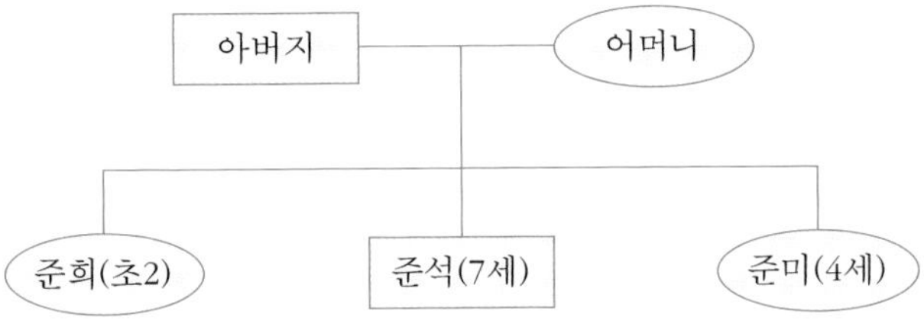

아이가 3명인 가정으로 어린이집 교사가 의뢰한 사례다. 주변 사람은 엄마에게 지적장애가 있는 것 같다고 이야기한다. 아빠는 경증 신체장애가 있으며 일정한 직업이 없다. 아이들은 잘 씻지 않아 냄새가 심해서 어린이집과 학교에서 따돌림당하고 있다. 식사도 제대로 못 할 때가 많다. 집이 매우 더럽다고 하여 어린이집 교사가 가정을 방문해서 집 청소를 하였다. 그런 행동에 아이 엄마가 크게 화를 낸 후 어린이집 교사는 더는 그대로 둘 수 없을 것 같다며 기관에 의뢰하였다.

 # 1회 – 어린이집 교사와의 면담

(이용자 가족에 대한 설명을 듣고)

사례관리자: 선생님께서 아이도 보셨고 가족도 아시니까……. 저희 기관에서 어떤 게 가족에게 도움이 될 거라고 기대하셨나요?

교사: 교사들이 어떻게든 잘해 보려고 저번에 집에 갔을 때 청소를 했어요. 교사들이 시간 내서 그렇게 하는 게 쉽지 않거든요. 아이들이 하도 더러우니까……. 집에 가니 엉망이더라고요. 그래서 도와주려고 그랬는데, 글쎄 엄마가 막 화를 내잖아요. 황당했어요. 그다음에는 저희도 맘이 상하니까 대하기가 꺼려지고……. 아이들을 그대로 놔두기도 뭐하고 해서…….

사례관리자: 어린이집도 바쁘실 텐데 그렇게 관심을 가지고 집에 가서 청소도 하고 도움을 주고……. 어떻게 그렇게 하실 수 있으세요?

교사: 아이들이 왕따 당하니까 걱정이 되잖아요. 여기서도 그런데, 둘째는 내년에 학교에 가거든요. 학교는 더할 거 아니에요. 사실 그동안 가끔씩 어린이집에서 씻겨서 보내기도 하고 그랬어요. 근데 계속할 수도 없고……. 집에서 부모가 해 줘야 하는데…….

사례관리자: 그럼 아이나 가족이 지금과 어떻게 달라진 걸 보시면 선생님께서 의뢰하길 잘했구나, 하실 수 있으실까요?

교사: 우선 깨끗해져야 할 거고요. 그래야 어울려 놀 수도 있을 테니까. 그리고 준비물 같은 것도 챙겨 오고 그러면 그래도 좀 나아졌구나 싶겠죠.

사례관리자: 그리고 또 어떤 걸 보시면…….

교사: 부모가 달라져야 하는데 도와주려 해도 오히려 화를 내니……. 기막힌 노릇이죠. 선생님이 만나 주세요.

사례관리자: 부모도 선생님이 이렇게 도와주려는 걸 알고 있나요?

교사: 아니요. 몰라요. 알면 저번처럼 그러겠어요?

사례관리자: 그럼 혹시 아이들 부모님이 아시면 달라지실까요?

교사: 알면 좀 다르겠지만……. 어린이집에서 할 수 있는 게 한계가 있더라고요. 그래서 선생님이 좀 만나 주셨으면 하는 거죠.

사례관리자: 예, 그러시군요. 제가 좀 궁금한데, 그래도 선생님이 아버지나 어머니를 더 잘 아시니까……. 아이들 부모님에게는 저희가 찾아가는 걸 어떻게 이야기하면 될까요?

교사: 글쎄요……. 사실 선생님이 가셔도 만날 수나 있을지 모르겠어요. 전에도 몇 번 일이 있어서 기관에 연결해 본 적이 있거든요. 그런데 다른 선생님은 만나지도 못했다고 그러더라고요.

사례관리자: 그래요? 이미 해 보셨으니 더 잘 아실 텐데……. 혹시 이번에는 이전과 어떻게 다르게 하면 만날 수 있을까요?

교사: 아마 만나지 못할 가능성이 더 많죠. 아버지가 가끔 오셨을 때 이런 이야기를 하면 피하시더라고요.

사례관리자: 그런데도 어떻게 이번에 또다시 의뢰해야겠다고 결정하셨나요?

교사: 전에는 그런가 보다 그랬어요. 자기들이 아니라면 어쩔 수 없지 그랬는데, 이제 더 이상은 안 될 것 같다는 생각이 들어서요.

사례관리자: 그럼 이번에는 어떻게든 만나야 한다, 그런 건가요?

교사: 예, 이제 더 미룰 수 없는 것 같아요.

사례관리자: 선생님이 아이나 부모님을 더 잘 아시니까……. 그럼 선생님이 이야기하신 대로 되려면 부모님을 만나는 것부터 되어야 하는 것 같은데…….

교사: 그렇죠.

사례관리자: 그럼 누구를 만나면 될까요? 부모님을 함께 만나면 되는 건지 아니면 한 분을 먼저 만나야 하는지, 두 분 다 만나기 어렵다면 또 다른 분이 있는지…….

교사: 엄마보다는 애들 아빠를 만나는 게 나을 거예요. 술을 드시기는 해도 전에는 아빠가 아이들을 많이 돌봐 줬다고 하더라고요. 아이들도 무섭다고 하면서도 아빠를 좋아하거든요. 근데, 아빠가 워낙 사람을 만나려고 하지 않으세요. 저희하고 오랫동안 알았는데도 아이들 데리러 와서 뭐 물어보면 별로 이야기도 하는 둥 마는 둥 하고 가요. 이야기도 하고 그러면 좋은데……. 그래서 일하는 것도 더 어려운 게 아닌가 싶어요.

사례관리자: 그럼 아빠가 선생님 이야기는 들으시나요?

교사: 예, 다른 사람에 비하면 그런 것 같아요. 처음에는 안 그랬어요. 큰애부터 워낙 오래 보다 보니까……. 전에는 아빠가 더 자주 아이들을 데리러 왔는데 요즘은 전보다는 뜸하지만……. 그래도 아빠한테 준비물 있다고 이야기를 하면 가끔씩은 다음 날 챙겨서 보내고 그러더라고요.

사례관리자: 그럼 아빠가 더 잘 들으시는 이야기는 어떤 게 있나요?

교사: (한참 동안 생각한 후에) 아이들이 잘한 이야기하는 거요. 다른 부모님도 다 그러긴 하지만 이 아빠는 워낙 이야기하기가 힘든데, 아이들 잘한 이야기하고 그럴 때는 표정이 다르고 챙겨 보내는 것도 더 잘해 주고 그랬던 것 같네요.

사례관리자: 그래요? 그럼 저희가 아빠하고 만나려면 선생님처럼 하면 도움이 될까요?

교사: 이번에는 어떻게든 되어야 하니까 일단 제가 아빠 마음을 열어 볼게요. 이야기하다 보니까 아이들 칭찬하면서 선생님을

만나도록 하면 되지 않을까 싶어요.

사례관리자: 그러세요? 그럼 선생님이 먼저 이야기하신 후에 연락 주시겠어요?

교사: 예, 일주일쯤 후에 다시 이야기하는 게 어떨까요?

사례관리자: 그렇게 하죠.

일주일 후

사례관리자: 그동안 달라진 게 어떤 게 있으세요?

교사: 제가 선생님 만난 날 아빠가 오셨기에 아이들 칭찬하면서 아빠한테 아이들 키우느라 수고 많으시다는 이야기를 했어요. 근데 다음 날 아이들이 웃으면서 들어오는 거예요. 하도 신기해서 아이들에게 무슨 일이 있었냐고 물어보니까 어제 아빠가 맛있는 걸 사 줬다는 거예요. 그러고 보니 아이들이 좀 씻은 티가 나더라고요. 그래서 씻었는지 물어보니까 그랬다고 해요. 동생은 아빠가 씻어 줬다고 하고요.

사례관리자: 와~! 아빠가 그렇게 하실 수 있는 분이신지 아셨어요?

교사: 사실 그리 기대하지 않았어요. 그래도 혹시나 했는데 아빠에게 그런 이야기가 효과를 볼 줄은 몰랐어요.

사례관리자: 그럼 이번에는 아빠에게 다르게 이야기하신 건가요?

교사: 그럼요! 다르게 했지요. 전에는 아이들 씻겨서 보내 달라고 하고 주로 이래서 문제가 있으니 이렇게 해야 한다고 이야기했는데, 이번에는 아빠도, 애들 엄마도, 애들 키우느라 수고 많으시다, 뭐 그런 이야기를 많이 했거든요.

사례관리자: 어떻게 이번에는 다르게 해야겠다고 생각하셨나요?

교사: 지난번에 선생님하고 이야기하고 나서 그동안 아빠가 어떻게 했는가를 생각해 보고 다른 선생님하고 의논도 하고 하면서 이렇게 해 봐야겠다 싶더라고요. 저도 아빠가 그럴 거라고는 생각도 못했어요.

사례관리자: 그런데 아버지가 하셨네요! 선생님, 그럼 부모님 만나는 건 어떻게 할까요?

교사: 제가 아직 이야기를 못 했어요. 이야기했다가 또 지금 하시는 것마저도 안 하시면 어쩌나 싶어서요. 제가 기회 봐서 아빠한테 이야기를 하고 연락을 드릴게요.

…… (후략)

어린이집 교사가 3주 정도 지난 후 다시 연락함. 어린이집에서 부모님 모임이 있는데 아빠가 오신다고 했으니 그때 만나면 좋겠다고 함.

---

2) 이용자가 원하는 변화로 나아가기 위한 출발

강점관점 해결중심 사례관리 과정은 이용자가 원하는 변화를 구체화해 나가는 과정이다. 첫 출발을 어떻게 하느냐는 개입기간이나 결과에도 영향을 미친다. 이용자와 시작을 합의한 후 이용자가 원하는 변화로 나아가려면 다음에 제시하는 것이 도움이 될 수 있다.

- 이용자가 원하는 미래를 구체적으로 그릴 수 있게 기적질문하기
- "그리고 또 무엇이 달라질까요?"라고 질문하면서 이용자가 이야기하

는 기적을 확대하기
- 이용자가 현재 상태에서 원하는 미래로 나아가는 데 도움이 되는 것을 구체화할 수 있게 다양한 방법으로 척도질문하기

사례

미영이네

지난번 요구르트 아줌마의 아동학대 신고로 미영이 엄마를 찾아갔을 때, 처음에는 만나길 거부했으나 사례관리자와 이야기를 나누면서 다음에 또 만나는 것이 도움이 될 것이라고 생각하여 다음번에 다시 만나기로 약속하였다. 두 번째 찾아갔을 때, 사례관리자는 기적질문을 하여 이용자의 삶에서 달라졌으면 하는 것을 물었다. 그러자 미영이가 공부방에 가면 도움이 될 것이라고 하였다. 이때 사례관리자는 당장 미영이가 갈 수 있는 공부방을 알아보지 않고 미영이와 따로 만나 이야기한 후, 엄마와 미영이를 함께 만나 두 사람의 생각이 같다는 것을 서로 알 수 있게 도왔다. 이후 아빠도 함께 한 가족면접에서 가족이 원하는 변화를 위해 할 수 있는 것을 더 구체화해 나갔다.

사례관리자는 미영이 엄마가 미영이가 공부방에 가는 것이 도움이 될 거라고 이야기했을 때, 곧바로 공부방을 찾아보는 대신 먼저 미영이 생각은 어떤지 알아보았다. 결국 미영이도 공부방에 가길 원했는데, 그렇다면 굳이 아이와 면접을 하면서 시간을 소비할 필요가 있었는지 질문할 수도 있다. 물론 미영이와 면접을 하지 않았다면 더 빨리 해결했을 것이라고 생각할 수도 있다. 그러나 그렇게 하면 자칫 이용자가 스스로 해 나갈 기회를 빼앗을 수 있

다. 강점관점 해결중심 사례관리에서는 빠른 해결만이 이용자를 돕는 최선은 아니라고 생각한다. 더 빨리 해결할 수 있는 일을 돌아서 가는 게 아닌가 하고 생각할 수 있지만, 이용자가 자신에게 영향을 미칠 수 있는 일을 결정할 기회를 충분히 주고 존중하는 것은 중요할 뿐 아니라 이용자가 그 결정에 얼마나 적극적으로 참여하는지에도 큰 영향을 미친다.

가정방문

(전략) ……

사례관리자: 지난번에 일자리 알아보신다는 건 어떻게 되셨어요?

엄마: 어휴! 너무 힘든 일이더라고요. 지금은 내가 몸이 좋지 않아요. 스트레스를 너무 받아서 그런가 봐요. 그래도 지난번에는 아는 언니가 일 도와 달라고 해서 하고 왔어요.

사례관리자: 그러셨군요. 그동안 지내시면서 어떤 게 좀 나아지셨나요?

엄마: 똑같죠 뭐. 학교는 제대로 다니고 있는 건지……. 알림장도 제대로 써 오질 않으니까…….

사례관리자: 그러셨군요. 그래도 혹시 아주 조금이라도 좀 나아진 게 있으신지……?

엄마: 글쎄……. 힘든 것만 생각했지 거기까지는 생각해 보지 않아서…….

사례관리자: 예, 그러시군요. 그래도 어머니가 저를 만난다고 하셨잖아요. 기왕에 만나기로 결정하셨으니까 앞으로 지내시는 데 어떤 것이 달라지면 그래도 지난번에 가라고 하지 않고 저 사람 만나자고 하길 잘했구나, 하시겠어요?

엄마: 뭐, 저번에도 이야기했지만 미영이랑 지내기가 힘들어요. 사실 나도 어떻게 해야 할지 모르겠어요. 나도 일해야 하는

데……. 남편 벌이로는 생활이 안 돼요. 그러니 생활도 힘들지, 아이도 저 모양이지, 내 몸도 안 좋지…….

사례관리자: 지금 여러 가지로 힘드신데 그래도 이것이 달라지면 지내는 게 좀 괜찮겠다고 할 수 있는 것에는 어떤 게 있으세요?

엄마: 다지요 뭐. 나도 미영이도……. 휴! 참 막막하네요.

사례관리자: 예, 그러시겠네요. 그럼 어머니, 제가 좀 다르게 여쭤 봐도 될까요?

엄마: 예, 그러세요.

사례관리자: 제가 이번에는 좀 이상한 질문을 하나 할게요.

엄마: 뭔데요?

사례관리자: 오늘 저를 만나셨잖아요. (예.) 제가 돌아가고 나서 미영이도 집에 올 거고요. (예.) 저녁에는 식사하시고 평소 가족이 지내시는 대로 그렇게 지내셨어요. 그리고 밤에 주무시잖아요. (예.) 가족이 주무시는 동안에 기적이 일어났어요. 그래서 지금 어머니가 고민하고 걱정하는 것이 다 해결이 됐어요. 기적이 일어났으니까요. 그런데 주무시느라 기적이 일어난 걸 모르시잖아요. 내일 일어나셨을 때 무엇이 달라진 걸 보면 '와! 밤 사이에 기적이 일어났구나!' 하고 알 수 있을까요?

엄마: 기적이 일어나면……. 아이하고도 지내는 게 힘들지 않고, 남편도 벌이가 지금보다 나아지고, 나도 일을 하고 그러겠지요.

사례관리자: 그러면 지금하고 지내시는 게 어떻게 다를까요?

엄마: 지금하고…… 음……. 아이도 저한테 살갑게 굴 거고, 그러면 나도 저게 나 골탕 먹이려고 그러는 거라는 생각을 안 할 거고, 남편도 집에 오면 마음이 더 편하겠죠.

사례관리자: 예, 그렇게 생각하시면 미영이와 지내는 게 지금과 어떻게 달

라질까요?

엄마: 말 한마디를 해도 좋게 하겠죠.

사례관리자: 예, 그러면 어머니가 그렇게 하시면, 미영이는 또 어떻게 다르게 할까요?

엄마: 걔도 내 말을 좀 듣고, 아빠한테 날 나쁘게 이야기하지 않겠죠.

사례관리자: 그럼 대신에 어떻게 이야기하게 될까요?

엄마: 오늘 뭐, 잘해 줬다 그런 이야기를 하겠죠.

사례관리자: 그럼 남편은 그 이야기를 들으면 지금과 무엇을 다르게 하실까요?

엄마: 내가 새엄마지만 아이를 잘 돌보는구나, 하고 믿겠죠. 지금은 그렇지 않거든요. 그래서 지금 아이와 지내라고 일도 못하게 하고……. 그래서 내가 몰래 하고 그러거든요. 내가 일하는 것도 싫어하지 않겠죠.

사례관리자: 또 무엇이 달라질까요?

엄마: 기적이 일어나면……. 우리 아이들을 만나는 거요. 이혼하고 두 번밖에 못 봤어요. 지금 많이 컸을 텐데…….

사례관리자: 만나신다는 건……. 어떤 걸 이야기하는 건가요?

엄마: 지금 남편하고 재혼한 지는 3년 됐어요. 이혼하고 5년은 혼자서 살았어요. 아이들은 혼자서 살 때 만났으니까…… 재혼하고는 한 번도 못 봤거든요.

사례관리자: 그럼 만나실 때는 어머니하고 아이들만 만나시는 건가요?

엄마: 남편한테 이야기하고. 남편도 아이들 만나는 걸 알아야겠지요. 그렇지만 전 결혼에 또 실패하고 싶지 않거든요. 사실 남편이 어떻게 생각할지 몰라서 제가 한 번도 이야기를 꺼내지 않았어요.

사례관리자: 그럼 남편은 아이들이 있다는 건 알고 계신 건가요?

엄마: 예, 알아요.

사례관리자: 그럼 남편한데 이야기해서 아이들을 만나게 되셨다면, 지내는 게 지금과 또 어떻게 달라질까요?

엄마: 아무래도 저도 마음이 편하겠죠. 미영이한테도 더 잘해 줄 수 있을 것 같아요. 미영이를 데리고 있다 보면 우리 아이들 생각이 더 나더라고요.

사례관리자: 남편도 지금 그런 걸 아나요?

엄마: 몰라요.

사례관리자: 그럼 남편이 알게 되면 사정이 좀 달라질 수 있나요?

엄마: 글쎄요. 일이 없을 때는 며칠도 좋고 방에서 술만 마시는데요. 그럴 때는 원수가 따로 없어요. 미영이 데려오고 나서 몇 달은 지방에 일을 구해서 거기 가서 주말에만 오거든요. 그 일 끝나고 오면 미영이하고도 어떨지……. 일이 없어 술을 마실 때는 때리기도 해요. 지금이야 미영이가 안된 마음이고 또 주말에만 봐서 그렇다 치지만 사실 그것도 걱정이에요.

사례관리자: 어머니 이야기를 들을수록 가족이 지금과는 다르게 지내길 바라시는 것 같은데…….

엄마: 정말 기적이 일어나서 미영이와 나도 엄마와 딸처럼 지내고 남편도 달라지고 나도 우리 아이들 만나고 그러면서 자연스럽게…… 행복하게 지냈으면 좋겠네요.

사례관리자: 예, 그러시죠. 그래서 어머니, 제가 이번에는 숫자로 여쭤 볼게요. 어머니가 이야기하신 기적이 일어났다면 10, 전혀 그렇지 않다면 1이라고 할 때 지금은 어디쯤인가요?

엄마: 지금이요?

사례관리자: 예, 지금 지내시는 거요.

엄마: 한…… 2?

사례관리자: 2요……. 그래도 어떻게 2인가요?

엄마: 같이 살고는 있으니까 1은 아니고 2요.

사례관리자: 그러네요. 같이 살고는 있으니까. 그럼 지금은 2지만 어머니가 이야기하신 그런 기적이 일어나려면 뭐가 조금만 달라진 걸 보시면 '와! 정말 기적이 이제 시작이 되는구나.' 하고 알 수 있을까요?

엄마: 일단은 미영이랑 잘 지내야겠죠. 그래야 남편도 저를 더 믿을 테고, 아이들 만나는 이야기도 해 볼 수 있지 않을까 싶어요.

사례관리자: 그래도 그동안 3달 정도 미영이랑 지내보셨으니까 뭐, 이렇게 하면 그래도 좀 방법이 있겠다 싶은 게 있으신가요?

엄마: 걔도 어색할 거예요. 어느 날 갑자기 나랑 살게 됐잖아요. 그래도 자기 아빠는 얼굴을 알지만 나는 처음 봤으니, 나도 그렇지만 미영이 걔도 얼마나 어색하겠어요.

사례관리자: 그럼 처음 지낼 때하고 지금하고 어색한 건 좀 나아지셨나요?

엄마: 처음 볼 때보다는 얼굴도 익혔고 그렇지만……. 일단 너무 부딪쳐요. 자기 엄마하고 살 때 친엄마가 찻집을 했다나 봐요. 바쁘니까 아이를 그냥 놔두면 아이는 손님한테 돈 달라 그래서 나가서 군것질하고, 사고 싶은 거 사면서 살았나 보더라고요. 학교도 가고 싶으면 가고 안 갈 때도 많고. 친엄마가 나중에는 몸도 안 좋고 하니까 그냥 놔둬서 아이가 생활 습관이 엉망이에요. 나는 우리 아이들 키울 때 안 그랬거든요. 나가서 욕 안 먹게 하려고 호되게 야단치고 그랬는데……. 미영이를 그냥 둘 수 없어서 우리 애들 가르친 대로 하는데…….

애가 더 삐뚤어지는 거 같아요. 그렇다고 그냥 놔둘 수도 없고……. 누가 대신 가르쳐 주고 나랑 부딪치는 것만 좀 덜해도 나아지지 않을까 싶기도 하고…….

사례관리자: 그럼 좀 덜 부딪칠 수 있는 방법이 있나요?

엄마: 뭐, 요즘 보니까 학교 끝나고도 아이들이 공부 배우러 가는 데도 있던데 그런 데라도 좀 가 있고, 나도 일을 좀 하고 그러면 아무래도 부딪치는 게 좀 줄어들지 않을까.

사례관리자: 그럼 아직 무엇인지는 모르지만 혹시 제가 좀 이렇게 하면 도움이 되겠다 싶은 게 있으세요?

엄마: 나도 들었는데 아이가 학교 끝나고 가서 공부도 하는…… 그런 곳을 알아봐 줄 수 있어요? 그럼 좋겠는데…….

사례관리자: 어머니가 들으셨다고 했는데, 혹시 이미 알아보신 곳이 있으세요?

엄마: 아니요. 그동안은 정신이 없었고, 이제 그런 생각이 좀 들더라고요. 그러면 좀 나으려나 싶은 게…….

사례관리자: 알아보기 전에 미영이와 이야기를 하면 어떨까 싶은데…….

엄마: 그러세요. 걔 생각은 어떤지 나도 궁금하기도 하고.

사례관리자: 그리고 또 혹시 도움이 될 수 있는 게 있을까요?

엄마: 아는 사람한테 일자리는 부탁할 수 있는데……. 남편도 그렇게 생각을 해 줘야 일하기가 수월한데 어떻게 해야 할지…….

사례관리자: 그럼 남편을 만나서 함께 의논해 보면 도움이 될 수 있을까요?

엄마: 그러면 좀 쉬울지 모르겠어요.

사례관리자: 아까 어머니가 이야기하신 곳을 공부방이라고 하는데, 미영이가 거기에 가는 게 괜찮은지 미영이에게 물어봐야 하고요. 아버지와 의논도 필요할 것 같은데…….

엄마: 그래요. 어차피 부딪쳐야지 이러고 있다고 되는 것도 아니니까.

…… (중략) ……

다음 날, 엄마와 미영이 함께 면접

…… (중략) ……

사례관리자: 미영이는 여기서 지낸 지가 3달 정도 되었다고 했는데, 그동안 그래도 이런 건 좀 괜찮다 싶은 게 뭔지 이야기해 주겠어요?

미영: 아줌마(미영이가 아줌마라고 불렀음)하고 살면서요?

사례관리자: 그래요, 아줌마하고 살면서.

미영: (새엄마를 한 번 쳐다보고) 엄마보다 반찬이 맛있어요.

사례관리자: 그래요? 엄마하고 살 때보다 반찬이 더 맛있어? 또 좋은 게 어떤 게 있어요?

미영: 친구들이 더 생긴 거요. 전에는 학교에 잘 안 가서 아는 애가 별로 없었는데, 여기서는 학교에 가서 얼굴도 알고 그러니까 같이 놀 때도 있거든요.

사례관리자: 그러겠네. 반찬이 맛있고, 친구가 생기고……. 또 있어요?

미영: 음……. 잘 모르겠어요.

사례관리자: 어머니도 알고 계셨어요? 미영이가 이런 점이 좋다고 생각하고 있는지?

엄마: 처음 듣는데요. 반찬이 맛있다고 하니 고맙네요. 몰랐어요. 친구가 생긴 것도 몰랐고요. 학교에 가기 싫어한다고 생각했

는데…….

미영: 학교가 좋다는 건 아니에요. 수업 시간이 얼마나 지겨운데…….

사례관리자: 그런데도 미영이가 학교에 가서 수업 시간에 앉아 있는 거예요?

미영: 안 그러면 선생님한테 혼나요.

사례관리자: 그럼 선생님한테 혼나지 않는 법도 알고 있다는 거네요?

미영: 그럼요.

사례관리자: 미영이는 그런 걸 어떻게 알았어요? 누가 가르쳐 줬어요?

미영: 난 그냥 알아요. 엄마랑 살 때 다른 어른들도 나한테 잘한다고 그랬어요.

사례관리자: 그래요? 미영이는 어른들한테 잘하는 걸 어떻게 알았어요? 그래서 학교에서도 그렇게 하는 거예요?

미영: 예.

사례관리자: 그럼 미영이는 아줌마랑 살면서 이렇게 하면 혼나지 않는다, 그런 것도 알고 있어요?

미영: 근데……. 아줌마는 잔소리가 너무 많아요. 다 내가 잘못했다고 그런단 말이에요. 난 그런 거 싫어요.

사례관리자: 그럼 아줌마가 잔소리 안 하고 그러면 되는 거예요?

미영: 집은 심심하잖아요. 맨날 숙제 했냐, 텔레비전 똑바로 앉아서 봐라, 그런 말만 하고 친구도 없고……. 재미가 없어요! 집에 오면.

사례관리자: 그럼 학교 끝나고 친구들하고 재미있게 놀고 싶어요?

미영: 그럼 좋죠.

사례관리자: 그럼 미영이가 학교 끝나고 친구들과 있어서 재미있으면 집에 와서 어떻게 다르게 할 수 있나요?

미영: 기분 좋으니까. 나 기분 좋을 땐 말도 잘 들어요. 엄마하고 있을 때도 그랬어요.

사례관리자: 그래요? 기분 좋아서 말 잘 들을 때는 미영이가 어떻게 하죠?

미영: 심부름 시켜도 하고요.

사례관리자: 심부름도 하고? 또 어떻게 하죠?

미영: 음……. 밥도 잘 먹고, 잘 때 씻는 것도 잘하고 그런 거…….

사례관리자: 와! 기분 좋으면 미영이가 하는 게 많네요. 그럼 미영이는 지금보다 기분이 더 좋았으면 좋겠어요?

미영: 당연하죠.

사례관리자: 그럼 학교 끝나고 친구들과 있어서 재미있고 기분도 좋아지고 하려면 집 말고 어디 다른 곳에 가도 괜찮아요?

미영: 어떤 애들은 학원에 가요. 근데 어떤 애들은 엄마 올 때까지 공부방에 간대요. 거기는 친구들 많으니까 재미있을 것 같아요.

사례관리자: 거기 가면 뭐하는지 친구들한테 들어 봤어요?

미영: 거기서 노는 거 아니에요? 뭐하는지는 잘 모르는데…….

사례관리자: 거기 선생님이 계신데, 선생님하고 친구들하고 같이 숙제도 하고 놀기도 하고 만들기도 하고 간식도 먹고 그러다가 저녁에 집에 오는데…….

미영: 거기도 선생님이 있어요? 그럼 또 못 떠들게 할 거잖아요. 그럼 싫은데…….

사례관리자: 떠들 수 있을 때도 있고, 떠들지 말아야 될 때도 있고 학교도 그렇잖아요.

미영: 그럼 학교랑 똑같아요? 학교랑 똑같으면 싫은데…….

사례관리자: 학교랑 똑같지는 않은데……. 혹시 가 보고 싶어요?

미영: 예, 가 보고 싶어요.

사례관리자: 그럼 어떻게 할까요?

엄마: 그러죠. 난 애가 그렇게 심심해하는지 몰랐어요. 나도 그랬으면 했는데 잘됐네요.

사례관리자: 그러게요. 어머니하고 미영이 두 사람 다 공부방에 갔으면 좋겠다고 같은 생각을 하고 있었네요.

엄마: 그러게. 이야기를 듣다 보니 그러네요.

…… (중략) ……

1주일 후, 가정을 방문하여 가족 전체 면접

…… (중략) ……

사례관리자: 오늘 이렇게 시간을 내 주셔서 감사합니다. 혹시 미영이 아버지께서는 오늘 만나는 거에 관해 들으신 게 있으세요?

아빠: 뭐, 미영이 이야기한다고 이 사람한테 들었어요.

사례관리자: 제가 아버지를 만나기 전에 어머니와 미영이를 만났었습니다.

아빠: 예, 예.

사례관리자: 어머니와 미영이 모두 지금보다 더 잘 지내려고 생각을 많이 하시더라고요.

아빠: 그렇던가요? 그것 참 다행이네요.

사례관리자: 그러게요. 그래서 아버지를 더 뵙고 싶었어요. 아버지가 어떤 분이시기에 미영이나 어머니가 그러실 수 있게 하나 싶어서요.

아빠: 뭐, 저는 한 게 없습니다. 마음만 있지 뭐…….

사례관리자: 미영이가 학교 끝나고 공부방에 다니고 싶다고 하더라고요.

혹시 들으셨나요?

아빠: 뭐, 그런 이야기를 하긴 하던데……. 그런데 그런 곳에 보내 놓으면 두 사람이 같이 지내면서 친해져야 하는데 서로 더 멀어질까 봐, 전 그게 걱정이거든요. 그래서 선뜻 마음이 안 가는 거죠. 적어도 1년 정도는 같이 부대끼고 그래야 정도 들고 하는 거지. 그렇지 않습니까?

사례관리자: 예, 그럴 수도 있고요. 그럼 혹시 미영이는 뭐라고 하던가요?

아빠: 아니요. 이야기할 시간도 없죠 뭐. 이번에는 하도 이 사람이 와야 한다고 해서……. 일 끝나고 원래는 오늘 오는 건데 어제 밤늦게 올라온 거니까…….

사례관리자: 아휴, 쉬셔야 하는 시간을 내 주셨네요. 감사합니다. 제가 미영이하고 이야기했을 때는 미영이가 친구도 있었으면 하고 그래서 공부방에 다녔으면 하던데…….

아빠: 그야 이 사람하고 있는 게 어색하고 그러니까 그렇겠죠.

엄마: 아니라니까, 선생님하고 미영이가 이야기할 때 나도 같이 들었는데 미영이가 거기 있다 오면 재미있고 해서 자기가 더 잘하겠다고 그러더라고.

아빠: 미영이가 그랬다고?

엄마: 그래, 미영이가 그러더라니까! 당신도 알겠지만 학교 갔다 와서 나하고 있으면 사실 나도 잔소리하게 되고 그러니까, 그게 사이가 좋아지는 게 아니라고!

아빠: 미영아, 네가 이야기해 봐. 그러냐? 공부방 그런 데 가고 싶어? 그러면 더 잘할 거야?

미영: 그럴 거야. 거기 가면 친구들도 있고 심심하지 않단 말이야. 여기서 아줌마하고 뭘 하냐고! 나 심심하단 말이야!

사례관리자: 잠깐 제가 이야기해도 될까요? (그러세요.) 아버지도 역시 미영이하고 어머니가 잘 지냈으면 하시는 생각이신데, 지금 이야기 들으시니까 어떠세요? 처음에 생각하셨던 것과는 좀 다른 거 같은데…….

아빠: 글쎄, 나도 걱정이 돼서 일하는 사람들한테 물어보면 나같이 해야 된다는 사람도 있고 또 이 사람이 이야기하는 것처럼 붙어만 있다고 좋은 게 아니라는 사람도 있어요. 그러니까 나도 더 헷갈리더라고요.

사례관리자: 아버지도 떨어져 계시면서도 여러 가지 도움될 만한 것을 물어보고 그러셨네요. 일하시느라 힘드실 텐데도…….

아빠: 그럼 난들 뭐 맘이 편하겠어요? 얼굴 처음 보고 나서 한 3일 같이 있고 난 다른 곳에 가 있는 건데……. 애한테도 못할 짓이고, 이 사람한테도 그렇고. 그래도 방법이 없는데 어쩌겠어요.

사례관리자: 정말 마음을 많이 쓰시네요. 어머니, 알고 계셨어요? 미영이는 아빠가 일하면서도 미영이 생각 많이 하는 거 알고 있었어?

엄마: 전혀요.

미영: 몰랐는데? 아빠 내 생각 많이 했어?

아빠: 그럼, 많이 하지.

엄마: 그래도 미안한 마음이 있기는 한가 보네.

사례관리자: 그러시네요. 아버지! 그동안 여러 가지 생각도 하고 다른 사람한테 물어보기도 하셨는데…… 오늘 미영이나 어머니 이야기를 들으니 그래도 어떻게 하면 어머니와 미영이가 지내는데 도움이 되겠다, 하고 생각나는 게 있으세요?

아빠: 내 생각에는 그래도 같이 시간을 많이 보내야 하지 않나 싶긴

하지만……. 그래도 이 사람하고 미영이 두 사람이 필요하다는 쪽으로 해야 아무래도 탈이 없지 않을까 싶네요.

사례관리자: 그럼 아버지께서도 미영이가 공부방에 가는 게 도움이 되겠다 싶으신 건가요?

아빠: 일단 그럼 그렇게 해 보고 아니면 바꿔야죠.

엄마: 그래, 일단 가 보고 그게 아니면 당신 말대로 해도 되지 뭐.

사례관리자: 그럼 공부방에 가 보는 것은 어떻게 할까요?

엄마: 미영아, 그냥 아줌마랑 가자. 친구들 가는 데 갈 거잖아. 나랑 가면 되지 뭐. 아빠는 바빠서 같이 못 가니까.

아빠: 그래, 이제 앞으로는 엄마라고도 해야 할 거 아냐. 거기 가서 아줌마랑 왔다고 할래? 그럼 거기 선생님이랑 아이들이 "넌 엄마는 어디 있니?" 그러면 뭐라 그럴 거야?

미영: 알았어.

사례관리자: 미영아, 그럼 언제쯤 갔으면 좋겠어?

미영: 내일 당장이요. 아 맞다, 월요일예요.

사례관리자: 괜찮으세요? 그럼 제가 화요일쯤 전화를 드려도 괜찮을까요?

…… (중략) ……

엄마: 미영이가 공부방 다니면 낮 시간이 남으니까 나도 일을 하면 좋겠는데…….

사례관리자: 어머니는 일을 했으면 하시는데 아버지는 어떠세요?

아빠: 뭐, 미영이가 학교 갔다 왔는데 이 사람은 일한다고 없고 그게 안 좋을까 봐 그런 거지. 그렇지만 미영이가 오기 전에는 집에 와야 해.

엄마: 나도 지금 두세 달 정도밖에는 안 돼요. 아는 언니가 뭘 좀 배우러 다닌다고 그 시간에 가게 좀 봐 줄 수 있냐고 해서 그런 거지. 그거 끝나고 나면 하고 싶어도 없는데 뭘.

…… (중략) ……

피드백

사례관리자: 오늘 가족들을 뵙고 이야기 나누면서 서로가 마음을 써 주는 모습이 참 인상적이었습니다. 아버지는 일 때문에 멀리 계시고, 어머니와 미영이도 쉽지 않은 가운데서도 어떻게 해야 함께 잘 지낼 수 있는가를 각자 나름대로 고민하고 방법을 생각해 오신 것을 보고 놀랐습니다. 가족이 함께 지내기 위한 방법을 찾고자 애쓰시는 점은 미영이에게도 힘이 되리라는 생각을 많이 했습니다. 가족들 모두가 미영이가 공부방을 다녀 보는 것에 동의하셨듯이, 아이를 위해 도움이 되는 새로운 방법을 찾을 필요가 있다는 것에 저도 동의합니다. 가족들이 저를 만나기로 했으니까 만나는 동안 우선 미영이는 공부방을 다니고, 미영이가 공부방에 있는 동안 어머니는 일을 하시면서 그 외에도 가족이 지금보다 잘 지내기 위해 어떤 것이 도움이 될 수 있는지 연습해 보는 시간을 가져 보는 것은 어떠신가요?

가족이 그러겠다고 함.

3) 강점과 예외 활용

이용자가 원하는 변화로 계속해서 나아가는 과정에서는 강점과 예외를 활용해야 한다. 이용자가 이미 잘하는 것과 원하는 변화 중 조금이라도 이미 일어난 것을 활용하면 이용자가 원하는 변화로 나아가기가 쉽다. 그리고 사례관리자가 칭찬을 하면 이용자는 강점과 예외를 더 잘 활용할 수 있다. 그러나 칭찬을 지나치게 빨리하거나 과하게 하면 이용자는 오히려 사례관리자가 자신의 생각을 강요한다고 느끼기도 한다. 그래서 사례관리자가 종종 이용자에게 "잘하셨네요."라고 칭찬을 해도 전혀 변화를 볼 수 없는 상황에 부딪친다. 사례관리자가 하는 칭찬이 항상 효과가 있는 것은 아니다. 사례관리자는 칭찬한 후 이용자의 반응을 살펴 효과가 있을 때를 기억해 이후에도 반복하며, 다른 이용자에게도 확대해서 실천하는 것이 좋다.

다음에 살펴볼 미영이와 준희의 사례에서도 사례관리자는 칭찬하는데 그치지 않고 계속해서 질문하면서 이용자가 자기 생활에서 강점과 예외를 발견하고, 활용하게 돕고 있다. 예를 들어, 미영이네 엄마가 "내가 지금 해 줄 수 있는 건 좋아하는 반찬 해 주고 자꾸 잘한다고 해 주는 것 같아요. 근데 쉽지는 않아요. 칭찬해 주는 게……."라고 이야기했을 때 사례관리자가 "그래도 잘하셨네요!"라는 직접적인 칭찬보다는 "그럼요, 쉽지 않죠. 그래도 칭찬을 해야 도움이 된다고 하셨으니 어떻게 하면 하기가 좀 더 나을 수 있을까요?"라고 질문하면서 이용자가 하려는 것이 아이에게 얼마나 중요하고, 필요한 일인지 이용자가 더 생각할 수 있게 한다. 준희네 사례에서도 마찬가지로 사례관리자는 '잘했다' '대단하다'는 직접적인 칭찬 대신 다양한 질문과 간접적인 칭찬으로 이용자가 예외나 강점을 변화에 활용하게 돕고 있다. 이제 축어록을 통해 면접에서 이용자의 강점과 예외를 어떻게 활용하여 진행하는지 알아보자.

사례

미영이네

엄마와 전화면접

사례관리자: 공부방 다녀오셨어요?

엄마: 예, 어제 갔었어요. 오늘부터 미영이가 가고 있어요. 근데요, 선생님. 미영이가 어제 공부방에 가서 선생님한테 저를 엄마라고 이야기하더라고요.

사례관리자: 그랬어요? 미영이가 엄마라고 이야기하는 거 들으시니까 어떠셨어요?

엄마: 어색하기도 했지만 한편으로는 애가 좀 더 가깝게 느껴졌다고 해야 하나. 자기도 그렇게 하고는 어색한지 어제 집에 와서도, 오늘 아침에도 저한테 잘 오지도 않더라고요. 그래, 이렇게 같이 살아야지, 그런 생각이 들기도 하고……. 하여간 공부방에 재미 붙이고 잘 다녀야 할 텐데…….

사례관리자: 어제 미영이하고 공부방 다녀오시고 나서 그래도 이런 게 앞으로 좀 더 나아지겠구나, 싶은 게 더 있으신가요?

엄마: 이제 엄마라고 했으니까 지도 어쩌겠어요. 미영이 그런 거 보

니까 우리 아이들도 그랬겠구나 싶은 마음에 미영이가 안됐다는 마음이 들기도 하고 그러더라고요. 이제는 한배를 탄 거죠. 죽으나 사나 같이 살아야 되니까.

사례관리자: 같이 살아야 된다, 그런 생각이 더 드신 건가요?

엄마: 그렇죠. 막막하기도 하고…… 잘됐다 싶기도 하고.

사례관리자: 그러시겠네요. 어머니 말대로 미영이가 공부방에 잘 다녀야 할 텐데……. 어머니가 보시기에 어떤 게 도움이 될 수 있을까요?

엄마: 내가 지금 해 줄 수 있는 건 좋아하는 반찬 해 주고 자꾸 잘한다고 해 주는 것 같아요. 근데 쉽지는 않아요. 칭찬해 주는 게…….

사례관리자: 그럼요, 쉽지 않죠. 그래도 칭찬을 해야 도움이 된다고 하셨으니 어떻게 하면 하기가 좀 더 나을 수 있을까요?

엄마: 전과 달리 우리 아이들을 생각하면 마음이 좀 누그러져요. 전에는 내가 우리 아이들도 돌봐 주지 못하는데, 하는 생각에 미영이를 보면 화가 났거든요. 근데 선생님 만나서 이야기하고 공부방에 같이 갔다 오고 하면서 나도 마음이 좀 달라진 것 같아요. 내가 미영이한테 잘해 줘야지 우리 아이들도 잘 살겠구나, 그런 생각이 드니까 그런 것 같아요.

사례관리자: 그렇게 마음도 달라지고 생각도 바뀐 게 미영이와 지내는 데도 도움이 되나요?

엄마: 아무래도 그렇죠.

사례관리자: 어머니가 그러시니까 미영이는 달라진 게 뭐가 있나요?

엄마: 뭐, 앤데요. 달라지나요.

사례관리자: 그렇죠. 그래도 사람들은 누구나 마음이 달라지고 하면 말을

안 해도 어, 좀 다른데 그런 걸 알잖아요. 혹시 미영이한테 요즘 엄마가, 엄마라고 해도 되겠죠? (예.) "전에 하고 뭐가 조금이라도 달랐니?" 하고 물어보면 뭐라고 이야기할까요?

엄마: 그냥……. 자기가 좋아하는 반찬 더 많이 해 주고.

사례관리자: 예, 그리고 또 뭐가 달라졌다고?

엄마: 글쎄……. 표정이 다르다고 하려나? 전에는 아무래도 화가 난 표정이었는데 요즘은 내가 생각해도 얼굴에 힘이 덜 들어가 있어요. 아! 그러고 보니 미영이가 뭐 필요하다는 이야기를 했어요. 그동안은 자기 아빠한테 이야기했거든요. 그랬네!

사례관리자: 그래요! 어머니한테 이야기를요? 와~! 그래요? 또 달라진 게 있나요?

엄마: 생각해 보니까 어제 아침에 학교 갈 준비할 때도 조금은 수월했던 것 같네요. 일어나서 짜증 내고 툴툴거리지 않았어요. 그냥 일어나서 밥 먹고 갔으니까.

사례관리자: 와~! 그래요? 어머니 이야기대로 다르게 지내셨네요. 제가 듣기에는 어머니가 어떻게 하느냐에 따라 많이 다른 것 같은데……. 어머니는 어떠세요?

엄마: 그러게……. 나도 몰랐어요. 근데 생각해 보니까 그러네요.

사례관리자: 짧은 시간이었는데 어떻게 미영이에게 그런 영향을 주실 수 있으셨나요?

엄마: 뭘요……. 자기도 살려니까 그렇겠죠. 눈치가 빤하니까…….

사례관리자: 미영이가 눈치가 있는 게 오히려 도움이 되신 건가요?

엄마: 아무래도 눈치가 없었으면 자기가 어떻게 해야겠다, 그런 것도 모르니까 내 속이 더 터졌을 것 같아요.

사례관리자: 그렇겠네요. 그리고 앞으로 어머니가 미영이와 지내시는 데

도움이 될 수 있는 게 또 있을까요?

엄마: 그냥……. 이제 또 해 봐야지요.

사례관리자: 그냥 하신다는 게……?

엄마: 이번에 해 본 것처럼 하면 된다는 것을 아니까…….

사례관리자: 예, 그러시죠. 그럼 해 보고 이야기하고 싶으신 게 있으면 그때 이야기할까요?

엄마: 예. 그러는 게 좋겠어요.

사례관리자: 그럼 지난번에 일하시는 거에 대해서도 이야기하고 싶다고 하셨는데, 그건 어떻게 할까요? 오늘 할까요?

엄마: 예, 그거요……. 아는 언니가 가게 봐 달라고도 했고, 이제는 미영이가 공부방에 다니니까 다음 달부터 나가려고요. 근데요, 선생님. 그 일은 얼마 못 하잖아요. 일자리 알아보려고 할 때 선생님한테 연락드려도 될까요?

사례관리자: 그렇게 하면 도움이 되시겠어요?

엄마: 지금 생각에는……. 그때 가서 제가 알아보고 일할 때가 있거나 그러면 아니지만요.

사례관리자: 그래도 미영이와도 그렇고 어머니가 어떻게든 해 보려고 애를 쓰시네요. 어떻게 그렇게 하실 수 있으세요?

엄마: 저한테 주어진 거니까요. 다들 그렇죠. 저만 그런 것도 아닌데요……. 우리 아이들 일도 때를 봐서 이야기해 봐야겠어요.

준희네

어린이집 교사와 아버지와 함께 만남.

(전략) ……

사례관리자: 아버지께서 아이들도 잘 챙겨 주신다고 들었습니다. 어떻게 그렇게 하실 수 있으세요?

아빠: 뭘요……. 오히려 아이들한테 더 해 줘야 하는데 우리 집 사정이 그렇지 못하다 보니 어린이집에 폐가 되지요.

사례관리자: 선생님! 아버지는 저렇게 이야기하시는데 선생님이 보기에는 어떠신가요?

교사: 저도 요즘 들어 아버지가 하시는 거 보고 놀랐어요. 아버지가 아이들에게 관심이 많다는 걸 알았거든요. 그리고 아버지께 이야기하면 아이들 준비물이며 다 챙겨 주시더라고요. 다른 집들은 주로 엄마가 하는데, 아버지가 하시기 정말 어렵죠. 그래서 그런지 아이들이 아빠 이야기를 많이 해요. 최근에는 더 그렇고요.

사례관리자: 그래요? 아버지, 어떻게 하셨기에 아이들이 아빠 이야기를 많이 할 수 있나요?

아빠: 아무래도 집사람이 제대로 못하다 보니 제가 할 수밖에 없죠. 사실 마음으로야 더 잘해 주고 싶지요. 우리 아이들은 그래도 나보다는 사는 게 나아야 할 텐데……. 그 생각은 굴뚝같지만 맘같이 되진 않아요.

사례관리자: 그러시구나……. 그럼 아버지가 어떻게 하시는지가 굉장히 중요하겠어요.

아빠: 아무래도 다른 집보다는 더 그렇죠.

사례관리자: 지내면서 어떤 때 내가 하는 게 중요하구나, 하고 아시나요?

아빠: 아무래도 제가 신경을 쓸 때하고 아닐 때 차이가 있죠. 큰애는 학교 다니니까 숙제나 준비물 그런 거 챙길 때하고 아닐 때 다르고, 작은 아이들도 목욕해도 깨끗하게 씻었는지 봐 줄

때하고 아닐 때 다르고, 신경 쓰려면 끝도 없죠 뭐……. 다 할 수가 없어서 그렇지…….

사례관리자: 아이들에게 그렇게 해 주는 것은 어디서 배우셨나요?

아빠: 배우기는요. 나도 무지렁이같이 자랐는걸요. 우리 클 때는 더 했잖아요. 사실 저는 어려서부터 집 나와 가지고 혼자서 온갖 고생 다 했거든요. 그러다 이렇게 손가락도 잘리고……. 내 처지가 그러니 웬만한 사람하고는 결혼도 하기 힘들고……. 집사람이 아무래도 좀 부족하니까 같이 살게 된 거죠. 그러니 제가 뭘 잘 알기나 하나요? 그래도 텔레비전에서 아버지들 하는 거 보면서 저렇게 하는 거구나 배우기도 하죠. 그런데 거기서 하는 것처럼 잘 안 돼요. 그 사람들은 집에서 배워서 그렇게 잘하는지…….

사례관리자: 와~! 그럼 혼자서 보고 하면서 배우는 거네요?

아빠: 누가 가르쳐 주나요 뭐. 그렇게라도 배워야죠.

사례관리자: 지금도 배우려는 게 많으시네요?

아빠: 예, 그러려고 하지요. 아이들이 나보다는 낫게 살게 하려면 뭐든 자꾸 배워야지요. 그래도 잘 안 돼요. 그러니 이 꼴로 살죠.

사례관리자: 아버님 이야기를 들으니까 궁금한데…… 아이들도 그러나요? 그동안 아이들 키우셨으니까 잘 아실 텐데……. 우리 아이들이 이런 건 잘한다, 어떤 게 있나요?

아빠: 큰애는 그래도 착해요. 동생들 살펴 줄 때도 많고, 어떤 때는 서툴지만 밥도 챙겨 먹고 그래요. 둘째랑 막내는 아직 어리니까 아마 어린이집 선생님이 더 잘 아실 것 같은데……. 우리 애들 어떤가요? 선생님!

교사: 준희가 정말 책임감이 많아요. 동생들 데리러 올 때 보면 잘

챙겨 주더라고요. 준석이는 혼자서 책 보는 걸 좋아해요. 준미는 사람을 좋아해요. 선생님들도 잘 따르고, 친구들하고 많이 놀고 싶어 하거든요.

사례관리자: 책임감 있고, 책 좋아하고, 사람 좋아하고……. 아이들이 그런 걸 배운 건가요? 원래 타고난 건가요?

아빠: 준희는 아무래도 큰딸이니까 제가 이야기를 많이 해요. 못난 애비지만 그래도 가르치려고 하고……. 또 자기가 잘하고요. 작은 애들은 아직 어리니까 배웠다기보다는 좋아하는 거 같아요.

사례관리자: 준희도 아빠를 닮아 잘 배우나 봐요?

아빠: (웃음) 그런가 보네요. 다른 것도 잘 배워야 할 텐데…….

사례관리자: 또 어떤 걸 잘하나요?

아빠: 부족한 게 더 많죠.

사례관리자: 그런데도 준희를 책임감 있고 잘 배우는 아이로 키우셨잖아요. 어떻게 그렇게 하실 수 있으셨어요?

아빠: 뭘요……. 그래도 선생님이 자꾸 물어보니까 생각나는 게……. 별로 이렇게 생각해 본 적은 없었는데 아이들한테 고맙네요. 이런 부모 밑에서도 저렇게 자라 주고 있는 게…….

사례관리자: 선생님이 보시기에는 어떠세요?

교사: 사실 같이 이야기하다 보니까 저도 생각을 많이 하게 돼요. 제가 참 준희네에 대해 모르고 있었구나, 싶은 생각이 들고……. 아이들한테 더 잘해 줘야겠구나, 하는 생각도 들고…….

사례관리자: 예……. 그게 생각한 대로 하기가 참 쉽지 않잖아요.

교사: 그렇죠. 마음이 있어도 여러 아이들 대하다 보면 쉽지 않아요.

사례관리자: 그럼에도 그동안 아이들 많이 봐 오셨으니까 혹시 이런 건 할 수 있겠다, 하고 생각나는 게 있으세요?

교사: 말투요. 아무래도 아이들은 선생님이 말하는 거에 민감하더라고요. 거기다 준미는 이름 불러 주는 걸 참 좋아해요. 이름 부를 때 부드러운 목소리로 불러 주는 건 제가 할 수 있어요.

…… (중략) ……

교사가 먼저 나간 후

사례관리자: 그게 무슨 이야기신지……. 좀 더 이야기해 주시겠어요?
아빠: 그러니까……. 뭐, 집안일이나 아이들 챙겨 주는 건 잘 못하고 서투른데, 아이들이 어쩔 때 엄마를 좀 무시한다고 해야 되나, "엄마는 모르잖아." 그러면 애들 엄마가 화를 내요. 그런 거 보면 자기도 아이들한테 무시당하는 게 싫은가 봐요.
사례관리자: 그럼 부인이 무시당하지 않는다, 그렇게 알고 있을 때는 좀 다른가요?
아빠: 청소나 밥도 좀 더 잘해 놓는 것 같긴 한데…….
사례관리자: 그래요? 혹시 부인이 여기 계셔서 제가 같은 질문을 한다면 부인은 뭐라고 이야기할까요?
아빠: 이야기 안 할 거예요.
사례관리자: 혹시라도 이야기를 하신다면……?
아빠: 글쎄, 뭐……. 그냥 같은 이야기일 거 같은데……. 그냥 기분 좋다고 이야기할 거예요.
사례관리자: 부인이 그런 이야기를 하시나요?
아빠: 예, 기분 좋을 때는 있었던 일을 막 이야기하는데……. 그럴 때 내가 잘 받아 주지 않으니까…….

사례관리자: 그래요? 그럼 아버지가 받아 주면 다르신가요?

아빠: 잘 기억이 안 나요. 내가 받아 준 기억이 없어요. 아이들한테 이야기하는 걸 본 거죠.

사례관리자: 그래요? 그럼 아이들하고 지내는 건 다른가요?

아빠: 친구같이 잘 놀아요. 저는 그게 속없어 보이죠. 저게 모자라니까 저러지 싶어서.

사례관리자: 와~! 아이들하고 엄마가 친구같이 잘 놀아요?

아빠: 예, 그러더라고요. 아이들이 그럴 때 보면 똑똑하다 싶은 게, 엄마가 기분 좋다 싶을 때는 엄마한테 붙고, 제가 괜찮다 싶을 때는 저한테 붙고 그래요. 어떻게 그렇게 아는지 신기해요.

사례관리자: 아이들이 상황을 잘 알고 그것에 맞게 할 줄 아는 거네요?

아빠: (웃음) 그러고 보니 그러네요.

사례관리자: 제가 더 궁금한데……. 이런 건 부인이나 아이들이 잘한다, 괜찮다 하는 게 또 뭐가 있으세요?

…… (후략)

Tip 3 나아진 것이 있는지 질문했을 때 이용자가 "달라진 게 없어요." "별로 없어요." 등으로 답할 때

이용자에게 뭐가 좀 나아졌는지 물었을 때 "달라진 게 없어요." 또는 "별로 없어요."라고 대답하면 사례관리자는 마음이 급해져 "그래도 있으실 게 아니에요?"라고 재촉하게 된다. 이용자가 이렇게 대답하는 것은 사실 나아진 게 전혀 없어서라기보다 생각이 나지 않거나, 자신이 기대한 만큼 달라지지 않았거나, 아직 문제에 빠져 있어 변화에는 관심조차 두지 않아서일 경우가 많다. 그런데도 "그래도 달라진 게 있을 테니 생각해 보세요."라고 하면 사례관리자는 그렇게 의도하지 않았지만 이용자는 '당신은 잘 모른다.'라는 메시지로 받아들일 수 있다. 따라서 이용자가 달라진 것이 없다고 할 때는 일단 "그러세요."라고 하면서 이용자의 이야기를 그대로 받아들인 후 "그래도 혹시 아주 조금이라도 나아진 게 있으면 이야기해 주시겠어요?"라고 다시 질문하는 것이 도움이 된다.

예외를 알아보는 질문을 할 때는 한 번 질문하고 이용자가 대답하지 않는다고 금방 다른 질문으로 바꾸지 말고 여러 번 반복하는 것이 필요하다. 이용자가 무엇이 나아졌는지(예외)를 생각하지 못한다는 것은 아직 문제에 깊이 빠져 있다는 신호일 수도 있으므로 질문을 반복함으로써 원하는 변화로 전환하게 도와야 한다.

4) 자원 연계와 활용

강점관점 해결중심 사례관리에서는 이용자에게 자원을 연계할 때도 문제가 아니라 원하는 변화에 초점을 맞춘다. 예를 들어, 이용자가 밑반찬이 필요하다고 했을 때 보통 사례관리자는 무슨 문제가 있어서 밑반찬이 필요한지 묻게 된다. 그러면 이용자는 그 질문에 답하면서 밑반찬을 받는 것이 목표가 되고, 왜 자신이 밑반찬을 받아야만 하는지에 대해 사례관리자를 설득하려고 한다. 그러나 이용자에게 밑반찬이 있으면 무엇이 달라질지를 물어보면 밑반찬은 이용자가 원하는 변화를 달성하는 데 필요한 여러 가지 것 중 하나가 된다. 그래서 이용자의 삶을 나아지게 하는 데는 밑반찬을 받는 것 이외에도 다양한 것이 있다는 것을 알게 되어 밑반찬이라는 자원에 덜 의존하게 되고, 이용자가 할 수 있는 일이 더 많아진다. 따라서 이용자가 어떤 자원이 필요하다고 이야기할 때는 항상 다음 사항을 염두에 두고 질문해야 한다.

- 이용자가 필요하다고 이야기하는 자원이 있으면 이용자의 생활은 지금과는 어떻게 달라지는가?
- 삶이 달라지기 위해 이용자가 해야 할 것과 사례관리자가 해야 할 것은 각각 무엇인가?
- 이용자는 자기 삶이 나아지게 하는 데에 자원이 얼마 동안 필요하다고 보는가?
- 자원을 연계한 후 이용자에게 달라진 것은 무엇이 있는가?
- 자원 연계를 시작으로 이용자는 변화에 도움이 되는 어떤 것을 하였는가?

사례관리자가 이러한 점을 고려해서 질문할 때 위에서 예로 든 이용자의 경우 "밑반찬이 있으면 지금과 어떻게 다르게 지내게 될까요?" "그렇게 지내게 되셨을 때 어머니는 지금 하시지 않는 어떤 일을 하고 계실까요?" "어머니가 이야기한 대로 지내게 되려면 밑반찬이 얼마 동안이나 필요하다고 생각하세요?" "기관에서 밑반찬을 드린 후 지내는 데 달라진 게 무엇이 있나요?" "어머니가 이야기한 대로 지내기 위해 밑반찬을 받는 것, 그리고 또 어떤 것을 하셨나요?"라고 물어볼 수 있다.

이처럼 자원 연계와 활용에서는 사례관리자가 이용자에게 무엇을 얼마나 연결하는지가 중요한 것이 아니라 그 일을 하기 위해 이용자나 이용자에게 도움이 될 환경체계를 알아보고 어떻게 면접을 진행하는지가 중요하다. 이 점에서 강점관점 해결중심 사례관리는 이용자의 부족한 점을 파악해 자원을 연계하는 데 집중하는 기존 사례관리방법과 차별화된다.

미영이네와 준희네 사례에서 나타나듯이 이용자에게 중요한 자원인 환경이 변화하면 긍정적인 변화를 계속 유지하는 데 많은 도움이 된다. 이용자는 앞으로도 이들과 가장 많은 상호작용을 할 것이므로 자원 연계를 할 때는 이용자의 변화뿐 아니라 환경체계의 변화도 함께 고려해야 한다. 그래야만 이용자는 궁극적으로 자원에 덜 의존하게 되며, 사례관리자는 자원을 더 필요한 곳에 활용할 수 있게 된다.

(1) 자원 연계

사례

준희네

(전략) ……

사례관리자: 지금 지내시는 데 무엇이 달라지면 그래도 좀 낫구나 하시겠어요?

아빠: 나나 집사람은 그렇다 치고 아이들이 제일 걱정이지요. 다른 부모처럼 뒷바라지도 제대로 못해 주고 하니까 아무래도 뒤처지고……. 부모로서 그런 거 알면서도 못해 주는 게 마음 아프죠.

사례관리자: 그럼 혹시 아버지가 우리 아이들이 '그래도 뒤처지는 게 아니구나.'라고 알 수 있고, 아이들한테 못해 주는 마음도 좀 덜하고 그러는 데 도움이 될 수 있는 것에는 어떤 게 있을까요?

아빠: 큰아이가 학교 공부를 좀 하게 했으면 싶어요. 요즘 아이들은 학원도 다니고 하는데 그러지도 못하고, 뭐 다른 거는 아니더라도 갈수록 공부가 어려워질 텐데……. 동생들 챙기는 거는 하지만 공부를 못 따라가면……. 부모 잘못 만나 그런 거 같아 저한테도 화가 나고 집사람도 보기 싫고 더 그렇거든요.

사례관리자: 예, 그러시군요. 그럼 선생님이 보시기에 동생들은 어떤가요?

교사: 저는 준희 공부도 필요하다고 생각하고요, 준석이나 준미는 아직 보살핌을 받아야 할 나이잖아요. 밥 챙겨 먹는 것도 그렇고, 준미는 친구들과 놀고 싶어 하는데 몸도 좀 깨끗하고 그러면 친구들하고 더 잘 놀 수 있을 것 같은데…….

사례관리자: 그러시군요. 아버지는 선생님 이야기에 대해 어떻게 생각하세요?

아빠: 선생님 이야기도 맞네요.

사례관리자: 아버지도 선생님이 이야기하신 것도 필요하다고 보시는 건가요?

아빠: 예, 그것까지 생각 못했거든요.

사례관리자: 그럼 준희가 공부를 할 수 있게 하는 거하고, 아이들 챙겨 주는 거 다 필요하다고 보시는데……. 혹시 먼저 했으면 하는 게 있는지……? 혹시 주위에 도와줄 사람이 있는지……. 어떠신가요?

아빠: 옆집에 할머니가 계신데 혼자세요. 집사람이 그 할머니를 잘 따라요. 먹을 거 하면 주기도 하고, 집사람이 놀러 가기도 하

고요. 집사람이 아무것도 안 하고 그냥 있으면 가끔씩 아이들 챙겨 주기도 하시고…….

사례관리자: 그러세요? 그럼 그분이 도와주실 수 있나요?

아빠: 그건 잘 모르겠어요. 근데 내가 이야기하기가 좀 그러네요.

사례관리자: 그럼 어떻게 해야 그분이 도와주실 수 있을까요?

아빠: 선생님이 좀 만나서 이야기해 주시겠어요?

사례관리자: 그럴 수도 있긴 한데……. 제가 만나서 이야기하면 어떤 점에서 더 나을 것이라고 보세요?

아빠: 실은…… 제가 화를 내고 할 때 집사람이 거기 잘 가거든요. 오가다 만나면 그 할머니가 절 안 좋아하는 것 같아요. 하긴 좋게 생각할 수가 없겠지요. 그러니 제가 이야기하면 잘 들으실 것 같지가 않아요.

사례관리자: 혹시 그분이 아버지가 가족이 더 나아지길 바라는 마음에서 하는 거라고 알아도 그럴 것 같으세요?

아빠: 처음엔 믿지 않을 거니까……. 그 할머니가 믿도록 도와주셨으면 해서요.

사례관리자: 그러면 제가 이야기만 하면 다 믿게 되는 건지……?

아빠: 아니지요. 제가 해야겠지요. 근데 시간이 걸릴 테니까……. 선생님이 도와주시면 저도 잘해야지요.

사례관리자: 제가 할머니를 만나 시작하면 그다음에는 아버지가 하시겠다는 걸로 들리는데…….

아빠: 예, 맞아요. 그래도 뭐, 모르는 사람한테 도와 달라고 하는 것보다 그 할머니가 나을 거 같아요. 집사람도 잘 따르니까.

…… (중략) ……

이틀 후 옆집 할머니를 방문

……(중략)……

사례관리자: 옆집 준희 아버지가 많은 도움을 주는 분이라고 하시더라고요.

할머니: 안돼서 그렇지 뭐. 애 엄마 보면 죽은 내 동생 생각이 나서. 그래도 저 사람은 더 낫지. 내 동생은 결혼도 못하고 갔는데…….

사례관리자: 그러셨군요. 동생분 생각에 아이들도 봐 주시고 그러신다고……. 그래도 그렇게 하기 쉽지 않으시잖아요.

할머니: 내 마음이 가니까 하지, 안 그러면 하겠어?

사례관리자: 동생 생각나시고 또 준희네 가족에게서 어떤 걸 보시기에 그렇게 마음이 가세요?

할머니: 착해. 어떤 때 보면 날 엄마로 생각하는 거 같기도 하고 그래. 그러는데 마음이 안 가겠어?

사례관리자: 준희 엄마만이 아니라 아이들도 챙겨 주시잖아요?

할머니: 준희 엄마가 그러니 아이들은 손주지, 뭐. 나도 외롭고 한데 그 애들이 있으면 덜 외롭고 그러니까 그렇지.

사례관리자: 준희 엄마와 아이들은 어르신께 그런 점에서 도움이 되네요?

할머니: 그럼! 혼자서 지내는데 외롭잖아.

사례관리자: 그러시구나……. 어르신, 제가 며칠 전에 준희 아빠를 만났어요.

할머니: 그 인간은 왜? 나빠, 그 인간. 술 먹으면 준희 엄마 때릴 때도 있고 구박하고……. 불쌍한 사람을 그러면 안 되지.

사례관리자: 안 그래도 준희 아빠가 어르신한테 감사하다고 이야기하고 싶은데, 어르신이 준희 아빠를 좋아하시지 않을 것 같아서 직접 이야기 못 하겠다고 하시더라고요.

할머니: 아니 다행이네. 그래, 뭐라고 하던데?

사례관리자: 준희 아빠가 가족들하고 더 잘 살아 보고 싶다고요.

할머니: 잘 살아 보고 싶다고 말만 하면 뭘 해? 제대로 해야지.

사례관리자: 어르신이 저보다 준희네 식구들을 많이 보셨으니까 더 잘 아시겠네요. 준희 아빠가 잘 지내고 싶다고 했는데 그럴 수 있을 것 같으세요?

할머니: 말로만 하면 뭐해! 애들이 어린데 자기가 정신 차려야지. 마누라도 돌봐 주고.

사례관리자: 준희 아빠가 어르신이 이야기하신 것처럼 할 것 같으세요?

할머니: 뭐, 지금 봐서는 영 아닌데……. 그렇지만 그렇게 해야지. 그러겠다고 그랬다니까 두고 봐야겠네.

사례관리자: 어르신도 준희네가 지금보다 더 잘 지냈으면 하고 바라시네요.

할머니: 그럼! 내가 그런 맘 없으면 뭣하러 그래?

사례관리자: 준희 아빠도 그런 거 알고, 어르신이 도와주셔서 너무 감사하다고 하더라고요.

할머니: 그래? 고맙다고? 왜 나한테 해야지 딴 사람한테 이야기하고 그래?

사례관리자: 준희 아빠한테 어르신께 직접 감사하다는 이야기하시라고 꼭 전할게요. 준석이랑 준미 어린이집 선생님도 아이들이 아직은 어리니까 보살펴 줄 사람이 있으면 좋겠다고 하더라고요.

할머니: 그럼……. 애들이 아직은 그럴 때지.

사례관리자: 그래서 준희 엄마 혼자서 못하니까 혹시 어르신께서 도와주실 수 있으신지 궁금해서요.

할머니: 지금껏 했는데 뭘! 그것보다 어떻게 더 하라고?

사례관리자: 준희 아빠는 준희 엄마가 어르신을 좋아하니까 어르신이 준

희 엄마한테 이것저것 가르쳐 주면 준희 엄마도 지금보다 더 잘하게 될 것 같다고 하더라고요.

할머니: 내가? 하긴 준희 엄마가 내가 가르쳐 주는 건 잘 따르긴 해. 뭐, 잘하지 않더라도 그래도 하려고 하고, 그러니까 나도 더 마음이 가고 그런 거지.

사례관리자: 어르신! 어떻게 하시기에 준희 엄마가 그렇게 잘 따르는지 궁금해요.

할머니: 외로운 사람끼리 통하니까 그렇지.

사례관리자: 그럼 어르신! 혹시 준희 엄마가 잘할 수 있도록 지금보다 더 도와주실 수 있으시겠어요?

할머니: 뭐, 필요하다면 그러지 뭐…….

사례관리자: 어르신이 어떤 것을 더 도와주시면 좋을지는 준희네 식구들이랑 이야기해 보았으면 하는데…….

할머니: 그래, 그럼. 그러는 게 좋겠네.

---

(2) 자원 활용

사례

미영이네

 # 2주 후 방과 후 공부방 선생님을 방문

(전략) ……

사례관리자: 미영이가 여기 온 지 2주 정도 지났는데, 선생님이 그동안 보시면서 이런 것은 좀 같이 이야기하면 도움이 되겠다 싶은 게 있으세요?

공부방 교사: 참…… 처음 1주일 정도는 정말 말도 잘 듣고 잘하더라고요. 근데 그 시간이 지나니까 뭐 어떻게 할 수가 없어요. 아무것도 안 하려고 하고……. 자기가 하고 싶은 대로만 하려고 하고 그래서, 안 그래도 어떻게 해야 하나 고민하던 중이었어요.

사례관리자: 그러셨어요? 하고 싶은 대로만 하려고 한다고 하셨는데, 처음에는 어떻게 달랐나요?

공부방 교사: 지금 보면 숙제하는 시간에 숙제도 안 하고, 친구들하고 거의 어울려 놀지도 않고요. 같은 반 친구들이 있는데도 잘 안 놀아요.

사례관리자: 그럼 처음 일주일 동안은 어떻게 달랐나요?

공부방 교사: 숙제하는 시간에 숙제도 하고 그랬는데 이제는 잘 안 하려고 하고 그래요.

사례관리자: 모든 게 다 그런가요? 혹시 조금이라도 하거나 친구들과 놀거나 할 때도 있나요?

공부방 교사: 아이들이 많으니까 정신이 없어요. 근데 일주일에 한 번 자원봉사 선생님이 오시는 미술 시간이 있는데 그때는 열심히 했어요. 자기가 알아서 하더라고요.

사례관리자: 선생님, 궁금한데…… 혹시 미영이만 그런가요? 다른 아이들은 처음 와서 말 잘 들으면 계속해서 잘 듣고 그런가요?

공부방 교사: 아이들마다 다르지요. 어떤 아이는 처음에 적응하기 힘들어 하고, 어떤 아이는 처음에는 정말 잘하다가 갈수록 본색을 드러내기도 하고, 계속 잘하는 아이도 있고 다 달라요.

사례관리자: 그렇죠, 다 다르죠. 그런데도 어떻게 그렇게 다 다른 아이들이 적응할 수 있도록 도와주시나요?

공부방 교사: 뭘요……. 그래도 아이들이 하니까……. 아이들 집 사정이 다 어렵잖아요. 화가 나고 힘들 때는 그래도 여기라도 올 수 있는 게 저 애들한테는 다행이니까……. 아이들이 밉다가도 스스로 위로하고 하면 마음이 좀 누그러지거든요. 요즘엔 사실 아이들이 더 말을 안 듣는 거 같고, 미영이는 새로 왔는데 사실 신경을 쓰고 싶어도 그러지 못할 때가 많으니까…….

사례관리자: 혹시 아이들에게 물어보면 선생님이 스스로 위로도 하고 마음이 누그러지고 하셨을 때는 무엇이 다르다고 이야기할까요?

공부방 교사: 큰소리 안 지른다고 할 거예요. 내가 아이들한테 '좀 조용히 해라!'라는 말을 덜한다고…….

사례관리자: 그럼 그 대신에 어떻게 이야기한다고 할까요?

공부방 교사: 아이들을 좀 더 자유롭게 놔둘 수 있는 거 같아요. 아이들이 말썽을 좀 피워도 야단도 덜 치고…….

사례관리자: 아이들이 여럿이다 보면 사실 쉽지 않은데……. 어떻게 하세요?

공부방 교사: 아무래도 그래야 나도 마음이 편하거든요. 아이들한테 소리 지르고 나면 나도 기분이 찜찜해요.

사례관리자: 선생님 마음이 편하신 게 아이들 대하는 데도 중요하네요.

공부방 교사: 아무래도 아이들은 선생님 눈치를 더 보잖아요. 뭐, 안 그런 애들도 있지만…….

사례관리자: 그럼 미영이는 어떤가요? 다른 아이들처럼 지금은 아니지만 시간이 지나면 나아질 것 같으세요?

방과후 교사: 그럴 거예요. 그렇게 도와줘야죠.

…… (중략) ……

3주 후 공부방 선생님과 전화

…… (중략) ……

사례관리자: 그동안 어떻게 좀 나아졌는지 궁금하네요.

공부방 교사: 선생님과 만나고 나서 저도 많은 것을 생각했어요.

사례관리자: 그러셨어요? 생각하신 게 도움이 되셨나요?

공부방 교사: 예, 최근에 아이들이 왜 이리도 날 힘들게 하나 싶은 생각이 많이 들었었는데, 지난번에 선생님과 만나고 나서 내 자신을 잘 조절하는 것도 생각해 보고, 무엇보다도 아이들 하나하나에 더 관심을 가지는 게 중요하겠다, 그런 생각을 했어요.

사례관리자: 많은 아이들에게 시간 내기가 쉽지 않다고 하셨는데……. 어떻게 그렇게 하려고 생각하셨는지 궁금하네요.

공부방 교사: 그냥 아이들 하나하나에 관심을 가지는 것은 불가능하다고 생각하고 해 보려고 시도조차 하지 않은 게 더 장애물이었더라고요. 이렇게 생각하고 아이들을 보니까 아이들이 달라 보이는 거 있죠.

사례관리자: 그렇게 달라 보이고 나서 아이들을 대하니까 아이들이 어떻게 달라지던가요?

공부방 교사: 정말 내가 큰소리 내는 게 줄었어요. 저도 놀라고 있는 중이에요. 그러다 보니 아이들이 또 더 다르게 보이고요.

사례관리자: 와~! 그래요? 그렇게 전과 다르게 아이들을 보는 게 어떻게 도움이 되셨나요?

공부방 교사: 내 마음이 편해요. 나와 아이들은 연결되어 있더라고요.

사례관리자: 정말 그러네요. 선생님 이야기를 들으니까 미영이는 어떤 게 나아졌는지 더 궁금하네요.

공부방 교사: 뭐, 크게 달라졌다는 것보다는 미술을 좋아하고 또 잘하더라고요. 제가 다그치는 게 덜하니까 숙제도 좀 더 하기는 하는데 그래도 아직은……. 천천히 가려고요.

사례관리자: 그래도 괜찮으세요?

공부방 교사: 예, 요즘만 같으면 뭐…….

사례관리자: 선생님, 그럼 제가 요즘 아이들과 일하시는 것을 숫자로 여쭤볼게요. 내가 '아이들과 잘 지내고 있다'면 10, '아니다, 최악이다'면 1, 그러면 요즘 선생님이 아이들과 지내는 것은 어느 정도인가요?

공부방 교사: 그전이 3 정도였다면 지금은 한 8 정도요.

…… (후략)

5) 이용자 성공의 확대와 강화

이용자의 강점과 예외를 활용하고 변화로 나아가는 데 도움이 되는 자원을 연계하면 이용자가 성공을 경험하는 것이 더 많아진다. 사례관리자는 이용자가 성공한 경험을 확대하고 강화하면서 이용자에게 자신이 변화의 주체라는 인식이 더 확고해지도록 돕는다. 이렇게 하는 데 유용한 질문은 다음과 같다.[3)]

3) 보건복지부, 솔루션센터(2006: 109)에 실린 질문을 수정해서 인용한 것이다.

- 그동안 나아진 것은 어떤 게 있었나요?
- 어떻게 그렇게 할 수 있었나요?
- 그렇게 한 것이 어떻게 도움이 되었나요?
- 그리고 또 어떤 것이 나아졌나요?
- 나아지는 데 또 무엇이 도움이 되었나요?
- 다른 사람에게 물어보면 무엇이 나아졌다고 이야기할까요?
- 지금보다 1이 올라갔을 때(자신감, 의지 등)는 어떻게 다르게 지낼까요?

사례

미영이네

미영이가 공부방에 다닌 지 2개월 후 가정에 방문해서 엄마와 면접

(전략) ……

사례관리자: 그동안 나아진 것은 어떤 게 있나요?

엄마: 미영이나 나나 서로 지내는 게 익숙해졌다고 해야 하나…….

사례관리자: 그래요? 어떻게 달라지셨는데요?

엄마: 한 달쯤 전에는 내가 번 돈으로 아이 옷을 사 줬어요. 같이 나가서. 미영이가 좋아하더라고요. 내가 그냥 살까 하다가 아이가 좋아하는 걸 고르게 해야지 싶어서 같이 쇼핑 가자고 해서 바지도 사고 윗옷도 사고, 운동화도 사고 그랬어요.

사례관리자: 와~! 미영이가 직접 고르도록 신경을 써 주셨군요. 그리고

또 어떤 것이 나아지셨나요?

엄마: 뭐, 애가 살갑게 굴고 그런 건 아니지만 둘이 있어도 맘이 조금씩 편해져요. 남편도 저를 조금씩 믿는 것 같고요.

사례관리자: 남편이 조금씩 믿는다는 걸 어떻게 아셨어요?

엄마: 전에는 집에 와서 아이한테 지낸 걸 물었어요. 그러면 내가 뭘 잘못했나 알아보는 것 같고, 미영이가 뭐라고 이야기하나 신경이 곤두서고, 그러니까 또 싸움이 나고 그랬거든요. 근데 이제는 집에 와서 나한테 어떻게 지냈냐고 묻거나 같이 있을 때 물어보고 하더라고요. 그러니 싸울 일도 줄어들고요.

사례관리자: 와~! 그래요? 미영이와도 편해지고 남편도 더 믿도록 어떻게 하셨나요? 궁금한데…….

엄마: 처음에는 미영이를 데려다 놓았을 때 나만 소외되는 것 같았어요. 나만 겉으로 도는 것 같고 그러니까 더 예민해졌었는데……. 근데 선생님하고 남편하고 같이 이야기하면서 미영이가 공부방에도 다니고, 나도 일을 하니까……. 그리고 남편 얘기도 듣고 나니까 나 혼자만의 생각이었나, 그런 생각도 들고……. 어차피 미영이와 살아야 되니까 살아갈 방법을 찾게 되네요. 아이가 너무 큰 것도 아니니까 내가 잘해 주면 달라지겠지, 그런 생각이 많이 들었어요.

사례관리자: 와~! 그래서 생각하신 대로 방법도 찾고 하신 거네요!

엄마: 맞아요. 그러다 보니 조금씩 나아지고 있다고 믿고 싶고 그러네요.

사례관리자: 대단하시네요. 그리고 또 이런 것도 도움이 되더라 하시는 게 있으세요?

엄마: 아무래도 집에만 있는 것보다는 일을 하니까. 스트레스 받는

일이 있다가도 밖에 나갔다 오면 좀 풀리고 하니까.

사례관리자: 일하는 것도 도움이 되고……. 또 더 있으세요?

엄마: 그 정도……. 참! 공부방에서 선생님도 그러시더라고요. 미영이가 조금씩 나아지고 있다고, 자기도 노력한다고. 그 선생님도 그렇게 한다는데 난 여하튼 엄마가 된 건데 그 선생님보다 못해서야 되겠어요.

사례관리자: 공부방 선생님 이야기도 도움이 되셨네요. 더 있으세요?

엄마: 앞으로 더 있어야죠.

사례관리자: 그럼 어머니, 제가 숫자로 좀 여쭤 볼게요. 처음 미영이가 와서 황당하고 힘들다고 하셨을 때가 1이고요. 전에 이야기한 것처럼 기적이 일어난 것같이 지내고 있는 게 10이라고 할 때, 요즘 지내시는 걸 숫자로 이야기하시면 어디쯤인가요?

엄마: 음……. 그때가 1이면…… 지금은 6이요.

사례관리자: 미영이한테 물어보면 어디쯤이라고 이야기할까요?

엄마: 글쎄, 미영이는 더 높을 거예요. 7, 8 정도……. 요즘은 아빠도 나도 공부방 선생님도 다들 잘한다고 하니까 얼굴이 많이 밝아지고 명랑해졌거든요. 전보다 오히려 눈치가 더 없어지고 아이 같아졌다고 해야 되나. (웃음)

사례관리자: 그래요? 그럼 아빠한테 물어보면 어디쯤이라고 할까요?

엄마: 나랑 같을 거예요.

사례관리자: 두 분이 같으세요? 그럼 지금 6이면 앞으로 이렇게 지내시는 게 괜찮으신 건가요? 혹시 6보다 좀 더 올라갔으면 하시나요? 어머니는 어떠세요?

엄마: 뭐, 지금도 많이 좋아진 거지만 그래도 한 8 정도가 되면 좋겠어요. 9, 10은 아무래도 내가 친엄마도 아니고 너무 욕심 부

리는 건 아니라고 생각하고요. 그래도 9가 된다면 전에도 이야기했던 거요……. 우리 애들과도 만나면서 살 수 있게……. 그렇게 좀 자연스러울 수 있으면 9는 될 것 같아요.

사례관리자: 그럼 지금은 6이신데 지금처럼만 계속 지내시면 원하시는 8로 올라갈 수 있는 건가요?

엄마: 앞으로 얼마 동안은 6이지 않을까. 앞으로 미영이가 사춘기가 되고 그런 시기를 잘 넘기고 나면 8이 되겠지요. 그러고 나면 우리 애들 만나는 것도 좀 자연스러울 때가 오지 않을까 싶고요.

사례관리자: 어머니가 생각하시기에 얼마 동안 6에 있을 것 같으세요?

엄마: 요즘 애들은 사춘기도 빠르다니까 5학년이면 사춘기가 올 거 같아요. 그때까지는 그래도 6 정도는 할 수 있을 것 같아요.

사례관리자: 그럼 앞으로 한 3년 정도인데 그동안은 지금과 같이 하시면 되나요?

엄마: 예, 그러도록 해야지요. 이제는 정말 제가 해야 할 몫만 남았어요.

준희네

 # 가정방문한 지 한 달 후 다시 가정을 방문하여 가족과 만남. 아이들은 집에 없었고, 옆집 할머니가 준희네 집으로 와서 아빠와 같이 만남.

(전략) ……

사례관리자: 그동안 지내시면서 나아진 게 무엇이 있으세요?

아빠: 어머니 덕분이에요.

사례관리자: 예?

아빠: 참! 옆집 할머니요. 이제 어머니라고 불러요. 어머니 덕분에 아이들이 밝아지고, 집사람도 전보다 집안일을 잘해요.

할머니: 준희 엄마가 잘해서 그래. 근데 (아빠를 가리키며) 이 사람이 제일 애썼어, 내가 알겠더라고. 사실 처음에 이야기했을 때 믿지 않았거든. 근데 젊은 선생이 집에 다녀가고 나서 이 사람이 와서 이야기하는데 울더라고.

아빠: 마음은 앞서고 그러다 보니……. 그래도 어머니가 전에는 그냥 먹을 것도 다 해서 갖다 주고 그러셨는데, 이제는 집사람한테 가르쳐 주시니까……. 밥 먹을 때 집사람이 만들었다고 그런 이야기를 자꾸 들으니까 나도 집사람한테 "잘한다! 잘한다!"라고 자꾸 하게 되더라고요. 그래서 그런지 집사람도 기분이 좋고, 전에 내가 알던 사람인가 싶어요.

사례관리자: 와~! 다들 어떻게 그렇게 하실 수 있으세요? 정말 놀랍네요! 한 달 정도 많이 다르게 지내셨네요! 이번에 이렇게 지내시면서 또 아버지는 무엇을 다르게 하셨나요?

아빠: 전에는 그냥 뭐든지 그렇다 생각하고 체념하는 게 많았는데……. 사실 이번에 집사람 보면서도 그렇고, 체념하면 안 되겠구나 싶어요. 아이들한테도 맘은 그렇지 않았지만, 뭐 어쩌겠어 그랬는데 어린이집 선생님도 격려해 주시고 할머니도 도와주시고 하니까 마음만 앞서서 아무것도 안 하고 무조건 속상해하고 그러지 말고 정말 내가 뭔가를 해야 하는구나, 그런 게 달라졌다고 할까…….

사례관리자: 그냥 있지 말고 뭔가 해야 하는구나, 하는 게 전과 달라지신 건가요?

할머니: 맞아, 이 사람이 정말 애 많이 써. 나도 전에는 나쁜 놈이라고

만 생각했거든. 근데 정말 잘 살아 보려고 하는 거 보니까 왜 그런지 내 마음이 더 좋더라니까. 하여튼 이 사람이 용해.

사례관리자: 정말 그러네요. 그리고 또 어떤 게 달라지셨나요?

아빠: 아무래도 나가서도 걱정이 덜 되죠.

할머니: 뭐가 달라진고 하니…… 전에는 딸하고 손주만 있었는데, 이제는 아들도 생긴 거. 식구가 늘었으니까 이제 외롭지 않아. 이제는 아들이야.

아빠: 그럼요, 이제는 아들이죠!

할머니: 그래, 아들에 딸에 손주에……. 든든하고 좋지 뭐!

아빠: 예, 저도 그래요. 어머니!

사례관리자: 그럼 제가 이렇게 여쭤 볼게요. 처음 만났을 때를 1이라고 하고요, '정말 잘 지낸다'를 10이라고 했을 때 요즘 지내시는 것은 어디쯤인가요?

아빠: 음…… 한 7. 어머니도 생기고 전에 비하면 뭐 말로 다 할 수 없지만 아직 일자리도 구해야 하고 하니까……. 일자리가 생겨서 일을 하고 하면 더 올라가겠죠. 8, 9까지도.

사례관리자: 어르신은요?

할머니: 뭐? 나 그런 거 몰라. 그냥 최고 좋아. 늙은이 외로운 게 제일 그랬는데 그렇지 않으니까 최고지 뭐. 제일 높은 거 그거야!

사례관리자: 와~! 그러세요? 아버지! 부인한테 물어보면 얼마라고 할까요?

아빠: 그 사람이 뭐 아나요?

사례관리자: 그래도 혹시 이 자리에서 이야기를 하신다면……?

아빠: 그 사람은…… 글쎄……. 8, 9라고 하지 않을까…….

Tip 4 **자원 연계는 지역사회 자원목록으로 하는 것이 아니다**

지금까지 사례관리자는 기관에서 지역사회 자원을 발굴하고, 기관의 자원목록에 얼마나 많은 자원이 있는지를 중요하게 봤다. 그래서 사례관리자가 다양한 이용자의 욕구에 맞춰 자원을 연계하려면 기관의 자원목록에 가능한 한 많은 자원이 있어야만 한다고 생각했다.

강점관점 해결중심 사례관리에서는 무엇보다 이용자가 원하는 변화에 필요한 자원을 찾아 연계하는 것을 중요시한다. 사례관리자가 기관이 이미 확보한 자원과 이용자 욕구를 짝짓기하는 것은 맞춤형 서비스라고 이야기할 수 없다. 맞춤형 서비스는 이용자가 원하는 변화에 필요한 자원을 기관이 확보하고 있지 않더라도 지역사회에서 자원을 찾아 연계할 때 가능한 것이다.

두 방법은 얼핏 별 차이가 없는 듯 보이지만 상당한 차이가 있다. 사례관리자가 이미 기관에서 확보한 자원을 연계하는 것이 아니라 이용자가 원하는 변화에 필요한 사원을 연계하려면, 항상 이용자의 이야기에 귀 기울이면서 지역사회에서 자원을 찾기 위한 노력을 해야 한다. 그리고 그렇게 하려면 무엇보다 기존의 틀에서 벗어나 창의적으로 사고하고 행동하는 것이 중요하다.

3. 점검

이용자가 원하는 변화로 나아가는 과정에서 변화가 실제로 일어나기 시작하면 이용자가 원하는 변화는 더욱 구체화된다. 점검 단계에서는 이용자가 지금까지 해 온 성공 경험을 앞으로도 계속하는 것이 도움이 되는지 또는 다르게 하는 것이 도움이 되는지 등을 알아보고, 그것에 맞춰 진행해 나가야 한다. 여기서 고려할 점은 다음과 같다.

- 이용자가 지금까지 해 온 대로 계속하면 되는가? 아니면 다르게 해야 하는가?
- 다르게 해야 한다면 어떻게 다르게 해야 하는가?
- 지금까지 해 온 경험은 어떻게 도움이 되고 있는가?
- 앞으로 지금까지 해 온 경험을 어떻게 활용하면 도움이 되겠는가?

사례

미영이네

미영이가 공부방에 다닌 지 2개월 후 가정방문해서 엄마와 한 면접이 이어짐.

사례관리자: 어머니, 제가 궁금한 게 있는데…….

엄마: 뭔데요?

사례관리자: 처음 이야기했을 때 미영이와 엄마랑 딸같이 지냈으면 하셨는데……. 그동안 지내시면서 어머니가 생각하신 것처럼 되어 간다고 보는지……. 혹시 이런 건 그때와 좀 다르다 하는 게 있는지 궁금해서요.

엄마: 뭐……. 비슷해요. 근데 제가 달라진 게 있어요.

사례관리자: 여쭤 봐도 될까요?

엄마: 전에는 엄마랑 딸이라는 게 우리 아이들 때문에 필요하다는 생각을 더 많이 했구나, 하는 걸 알았어요. 그동안 미영이와 지내는 게 달라지는 걸 보고 이제 진짜 미영이 엄마가 되어야겠구나 하는 거, 그건 처음하고 달라졌어요. 뭐라고 해야 할지 잘 모르겠는데……. 그래요. 뭐, 그냥 말하자면 전에는 내 울타리 안에 남편도 미영이도 그리고 우리 아이들도 있어야 한다고 막연하게 그랬는데……. 그런데 지금은 우리 아이들은 지금 살고 있는 울타리에 있어야 행복하겠구나, 그리고 나는 미영이와 미영이 아빠와 한 울타리에 있어야 하는구나, 그런 거요. 그래야 모두가 잘 지내는 거구나, 그런 생각이 들더라고요.

사례관리자: 그렇게 생각이 달라진 게 어머니한테 어떻게 도움이 되시나요?

엄마: 집착이 없어졌다고 해야 하나? 아니다, 여유가 생겼다고 해야 하나? 그냥 뭐를 해도 '내가 잘못 살아서 그렇다.' '내가 잘못한 거다.' 그런 생각이 들었고, '나는 왜 그럴까.' 싶었고, 누구를 원망해야 했고 그랬는데 그게 달라졌다고 해야겠죠. 내가 어떻게 하느냐에 따라 미영이가 달라질 수도 있구나, '남편이 나를 믿는구나.' 그런 게 나를 여유 있게 해 준다고 해야 되나……. 뭐, 그런 거요. 눈에 보이지 않으니 그대로라고 할 수도 있는데……. 그건 나만 알잖아요. 그러니까 내가 뭘 해야 할지도 더 잘 알겠고……. 이렇게 이야기해도 되나 모르겠네…….

사례관리자: 예, 눈에 보이지 않으니 그대로라고 할 수도 있지만 어머니는 달라졌고 그래서 다르게 하실 수 있구나 싶은데…….

엄마: 그래요, 달라진 게 없지만 달라졌어요. 이걸 몰랐다면 참 힘들었을 거예요.

사례관리자: 그런 것을 아는 게 쉽지 않았을 텐데……. 어떻게 그렇게 알고 할 수 있으세요?

엄마: 내가 아주 형편없는 사람은 아닌가 봐요. (웃음)

사례관리자: 정말 그러네요. 그럼 제가 숫자로 여쭤 보던 것은 기억나시죠? 이번에는 어머니 자신에 대해 여쭤 볼게요. 내가 '참 괜찮은 사람이다'면 10, '아니다'면 1. 지금 어디세요?

엄마: (웃으면서) 지금요? 지금은 8은 돼요. 앞으로 미영이가 중·고등학교 지내고 그러고 나서는 10이라고 이야기할 수 있었으면 좋겠어요.

사례관리자: 와~! 지금 8이요! 그럼 어머니 말대로 미영이가 중·고등학교 지내고 나면 그때는 10이라고 이야기하실 수 있지 않을까 싶네요. 부모님들이 다들 그때를 힘들어 하는데 지나고 나면 정말 그렇겠네요!

엄마: 예, 저도 그럴 수 있도록 또 노력해야죠.

사례관리자: 그럼 어머니가 하시는 데 저희가 어떻게 도움이 되어야 하는지……? 어머니가 해 보시면 되는 건지……. 어떻게 할까요?

엄마: 뭐, 이제는 제가 해야 하는 거니까……. 선생님도 바쁘시잖아요.

사례관리자: 아유, 그렇게 생각해 주시니 감사합니다. 그럼 제가 다음에 만나서 그동안 어머니가 해 오신 걸 다시 한번 이야기하고 만나는 걸 마무리해도 될까요?

엄마: 예, 그러죠.

…… (후략)

준희네

옆집 할머니가 준희네 집으로 와서 아빠와 같이 한 면접이 이어짐.

아빠: 그래서 며칠 전부터 일자리를 알아보고 있어요.

할머니: 아이고! 그래서 요 며칠 바쁘게 나갔구나.

사례관리자: 그러셨어요? 혹시 이번에 일자리 알아보고 계신 건 최근 지내는 게 달라지신 것과 관계가 있으신가요?

아빠: 그럼요. 이번에 알았어요. 내가 그동안 참…… 책임감 없이 살아왔구나. 수틀리면 식구고 뭐고 생각도 않고 그냥 그만두고, 그냥 다 억울했거든요. 근데 이번에 아이들이나 집사람이 달라지고, 또 옆에 든든한 어머니도 생기고 하면서 '이렇게 살아서는 안 되겠구나.' 그런 생각이 들어서 이젠 '전처럼 일하지 말아야겠다'고 결심했어요.

사례관리자: 아버지께 이번 경험이 어떠셨기에 이전처럼 일하지 않고 다르게 해야겠다고 결심할 수 있었나요?

아빠: 그동안은 내가 뭘 할 수 있는 사람이라고 한 번도 생각 못했어요. 항상 뒤처져 있었으니까. 근데 이제는 '하면 할 수 있겠구나.' 집사람도 달라지는 걸 보니까 더 그런 마음이 많이 생기더라고요.

사례관리자: 와~! 어떻게 그럴 수 있으세요?

아빠: 전에는 그랬거든요. 억울하고 그런 생각만 하니까 맨날 싸우게 되고, 그럼 나보고 뭐라 그러니까 그만둔다고 나와 버리고, 안 나가고 그랬거든요. 근데 이제 어머니도 계신데 그렇게 살아서 되겠나 싶으니까 좀 참기도 하고, '힘들어도 해야겠구나……. 다른 사람들은 여태 그렇게 일해 왔는데 나만 그러

지 않았구나.'라고 안 거죠. 함께 일했던 친구도 만나서 이야기했어요, 일자리 알아보면서…….

사례관리자: 와~! 내가 이제 어떻게 해야 되겠다 생각하시고, 또 거기에 다른 사람 이야기도 들으셨어요? 들으면 들을수록 어떻게 그렇게 할 수 있으시죠?

할머니: 내가 용하다고 했잖아, 용하다니까.

사례관리자: 정말 할머니 말씀대로네요. 와~! 어떻게 그렇게 하려고 할 수 있으세요?

아빠: 잘 살아 보려고 하는 게 아이들만 제대로 크면 되는 게 아니라 내가 제대로 살아야겠더라고요. 이제야 그걸 아네요, 부끄럽게…….

사례관리자: 아버지 이야기를 들으니까 정말 잘 살아 보려는 마음이 얼마나 큰지 알겠네요. 그럼 아버지가 일자리 알아보시는 건 그대로 계속 알아보시면 되나요? 혹시 뭔가 도움이 있으면 좀 더 나을까요?

아빠: 저도 알아보겠지만, 혹시 선생님이 알아봐 주실 수 있는 것도 있는지……. 그것도 물어보고 싶었어요.

사례관리자: 이미 알아보신 게 있거나, 하려고 하는 일이 있으세요?

아빠: 아직……. 뭐, 이렇다 할 기술도 없고……. 그런데 기술이 없으면 앞으로 아이들 뒷바라지도 그렇고 해서 시간이 걸리겠지만 이제라도 기술을 배울까 싶어요.

사례관리자: 그동안 많은 것을 생각해 보셨네요. 그동안 일을 해 봤으니까 무슨 기술을 배워야 되겠다, 생각한 게 있으세요?

…… (후략)

Tip 5 이용자가 "지금까지 해 온 게 아닌 것 같아요."라고 이야기할 때

사례관리자가 이용자와 함께 원하는 변화를 위해 도움되는 것을 해 나가는 과정에서 이용자는 때때로 "선생님, 그게 아닌 거 같아요. 지금까지 해 온 게 아닌 거 같아요."라고 이야기한다. 그러면 사례관리자는 '그럼 지금까지 헛수고한 건가? 처음부터 아니라고 하지. 내가 너무 이용자 이야기만 따라가다 보니 이렇게 된 게 아닌가?'라고 생각할 수도 있다. 강점관점 해결중심 사례관리는 이용자가 원하는 변화 중 실제 생활에서 실현 가능한 것이 무엇인지 구체적으로 알아 가는 데 초점을 둔다. 사람은 자기가 맞는다고 생각하는 대로 살아가는 것도 중요하지만, 그렇게 해 보니 실제는 그와 다르다는 것을 아는 것도 중요하다. 그러므로 이용자가 지금까지 해 온 방법이 아니라고 이야기하더라도 그것이 처음 시작할 때로 돌아가는 것을 의미하는 것은 아니다. "두 걸음 앞으로, 한 걸음 뒤로"라는 말이 있다. 사례관리자는 항상 이용사가 한 걸음 뒤로 물러서더라도 처음보다는 한 걸음 더 나아간 상태라는 것을 기억하고, 다음과 같이 질문하면 도움이 된다.

"지금까지 해 온 게 아니라는 걸(또는 틀렸다는 걸) 어떻게 알았나요?"
"지금까지 해 보셨잖아요. 혹시 지금까지와 어떻게 다르게 하면 도움이 될 수 있겠다고 생각하신 게 있으세요?"

사례관리자는 이렇게 질문하면서 이용자가 지금까지 해 온 경험을 실패라고 생각하지 않도록 하고 오히려 다시 앞으로 나아가는 데 활용하게 도와야 한다.

4. 종결

강점관점 해결중심 사례관리에서는 이용자의 강점과 성공 경험을 충분히 활용해 이용자가 원하는 변화를 이루어 나가고, 이용자가 자신이 변화를 이루어 낼 수 있는 사람임을 인식하게 되면 종결은 자연스럽게 이루어진다. 종결 시에는 다음 사항을 고려해 질문한다.

- 그동안 나아진 게 무엇이 있는가? (이용자와 사례관리자 각자의 입장에서 변화한 것이 무엇이며 얼마나 변화했는지 이야기하면서 성공을 확대·강화한다.)
- 사례관리를 통해 나아진 다양한 부분에 관한 척도질문
- 이번에 사례관리자를 만나면서 지내 온 경험을 통해 새롭게 알게 된 것은 무엇이 있는가?
- 앞으로 살아가면서 또 어려움이 있을 때는 지금까지 해 온 대로 하면 되는가? 아니면 지금까지 해 온 것과는 어떻게 다르게 해야 하는가?

사례관리자는 이용자와 이야기할 때 '종결'이라는 말을 아주 자연스럽게 사용하는데, 사실 '종결'이라는 말은 일상생활에서 흔히 사용하지 않는다. 예를 들어, 사례관리자가 "지난번 종결 후에~"라고 이야기할 때 이용자가 "난 그런 거 하지 않았는데요."라고 이야기하기도 한다. 미영이네 사례에서 사례관리자는 '종결'이라는 말 대신 '마무리'라는 말을 사용한다. 이처럼 '종결'이라는 단어 대신에 '마무리' 또는 '이제 그만 만나는 것'

이라는 단어를 선택하면 원활한 면접 진행에 도움이 된다. 또한 종결면접에서는 다양한 척도질문을 사용하면 좋다. 척도질문에 답하는 동안 이용자는 그동안 자기가 이룬 변화가 무엇인지 다시 한번 확인할 수 있으며, 그 변화를 유지하는 데도 도움이 될 수 있다.

사례

미영이네

사례관리자: 어머니, 오늘은 그동안 어머니가 해 오신 것을 이야기하면서 저희가 만나는 걸 마무리하기로 했는데……. 그동안 달라진 걸 여기다(종결보고서) 먼저 적어 주시겠어요? 아니면 그냥 제가 여쭤 볼까요?

엄마: 제가 적는 데까지 적을게요. 잘 모르는 건 안 적어도 되지요?

사례관리자: 예, 그러면 제가 어머니가 적으신 걸 보고 더 궁금한 건 여쭤 볼게요.

(작성 후)

사례관리자: 그동안 가족들을 보면서 어떻게 이렇게 하실 수 있을까, 그렇게 해야겠다는 힘이 어디서 나올까 싶은 생각을 여러 번 했거든요. 정말 어떻게 그렇게 해 오실 수 있으셨나요?

엄마: 예전에 선생님이 기적을 물어봤잖아요. 나 역시 그렇게 됐으면 좋겠다, 그런 마음이었는데……. 선생님이랑 이야기하고 나면 '이렇게 해 보자!' 그런 생각도 나고, 또 해 보니까 되기

도 하고……. 그러면서 그냥 마음으로만 있는 게 아니라 '그래, 하면 되겠구나' 싶고, 그러다 보니 길이 조금씩 보인다고 해야 하나……. 그러지 않았다면 못했을 거예요. 사실 선생님이 뭘 이렇게 해라, 저렇게 해라 그러진 않았지만……. 그래서인지 내가 뭘 해야겠구나, 하는 생각을 더 많이 했어요. 처음에 미영이 공부방 이야기가 나왔을 때도 아이와 잘 지내야겠다, 그런 거보다는 그냥 같이 있는 시간을 줄이고 싶었다는 거……. 그게 더 맞을 거예요. 그런데 시간이 지나면서 보니까 그게 다가 아니더라고요.

사례관리자: 예, 그동안 어머니가 하신 걸 보기도 했지만 이렇게 다시 들으니 '어머니와 가족들이 정말 대단하다'는 이야기밖에 달리 할 이야기가 없어요. 알아서 해 오신 거죠. 어떻게 그렇게 할 수 있으셨어요?

엄마: 선생님이 항상 격려해 주셨으니까 할 수 있었어요.

사례관리자: 아무래도 어머니가 '해야겠다' 마음먹지 않으셨다면 어려웠을 텐데…….

엄마: 그대로 계속 지낼 수 없었으니까……. 또다시 실패하고 싶지 않았어요.

사례관리자: 예, 그래서 알아서 더 하셨고요!

엄마: (웃음) 맞아요! 참 다행이에요. 그때 선생님을 안 만나고 그냥 가라고 했으면 지금 어떻게 지내고 있을까 싶어요.

사례관리자: 그렇게 생각하신다니 다행이네요. 어머니! 숫자로 여쭤 봤었잖아요. 오늘은 처음 만났을 때를 1, '바라던 대로 잘 지낸다'를 10이라고 하면 요즘은 어디세요?

엄마: 안 그래도 생각해 봤어요.

사례관리자: 그러세요?

엄마: 제가 전에 6이라고 이야기했었는데 오늘 이야기하면서 조금 더 올라갔어요. 7이요.

사례관리자: 얼마 동안은 6에 있을 거라고 하셨는데 어떻게 달라졌나요?

엄마: 이야기하다 보니까 우리가 그래도 대견하다 싶네요.

사례관리자: 우리가 대견하다 싶은 게 더 올라가게 했나요? 어떻게 그런가요?

엄마: 가족들이랑 살면서 같이 못 살겠다 싶은 마음보다는 그래도 '대견하다' '괜찮다' 그러면 내가 해 주는 것도 마음이 다르니까……. 그리고 그렇게 하면 미영이도 남편도 달라지는 걸 아니까요.

사례관리자: 그럼요, 누구보다 잘 아시죠. 그동안 하시면서 누구보다도 어머니가 잘 알고 계시니까……. 혹시 그래서 전보다 더 올라갈 수 있었던 거가요?

엄마: 예, 눈에 보이게 달라져서라기보다 그것만으로도…….

사례관리자: 그러면 혹시 더 알게 된 게 있나요?

엄마: 그게 제일 중요하죠. 다른 건 뭐…….

사례관리자: 제일 중요한 걸 아셨으니까, 한 가지 더 여쭤 볼게요. 앞으로 지내시다가 다시 힘들 수도 있잖아요.

엄마: 그렇겠죠. 그럴 거예요.

사례관리자: 그럼 그때는 어떻게 하시겠어요?

엄마: 그때는…… 그래도 이번에 해 봤으니까 방법도 찾아보고, 또 전에는 누구한테 힘든 이야기하는 것도 싫고 그랬는데……. 영 방법이 없으면 이런 곳에 찾아가 선생님 만나면서 제가 또 방법을 찾고 그러면 되겠죠.

사례관리자: 예, 그렇죠. 잘 알겠습니다. 제가 어떻게 지내시는지 한 번 더 연락할 텐데요. 얼마 후에 연락하면 될까요?

엄마: 뭐, 아무 때나 괜찮아요.

사례관리자: 그럼 세 달 후에 다시 연락드리는 건 어떠세요?

엄마: 좋아요.

사례관리자: 그럼 세 달 후에 더 달라진 게 있으면 그때 이야기해 주세요.

엄마: 예, 그전에라도 연락할 일이 있으면 제가 연락해도 되나요?

사례관리자: 예, 물론입니다.

---

5. 사후관리와 재개입

1) 사후관리

사례를 종결하면 기관에서 정한 기간과 횟수에 따라 사후관리를 진행한다. 사례관리자는 사후관리에서 이용자가 종결 후에 스스로 해 나가는 것을 지지하고 강화한다. 사례관리자는 이용자에게 연락해서 다음과 같은 질문을 한다.[4)]

- 그동안 나아진 건 무엇이(어떤 게) 있나요?
- 척도질문

4) 보건복지부, 솔루션센터(2006: 122)에 실린 질문을 수정해서 인용한 것이다.

- 더 나아졌다고 이야기할 때

"어떻게 그렇게 하실 수 있었나요?"

"그렇게 하는 데 도움이 된 건 무엇이(어떤 게) 있나요?"

"지난번에 마무리할 때 7이라고 하셨는데 지금은 어디인가요?"

- 그대로거나 힘들어졌다고 이야기할 때

"그렇게 견디는 데 도움이 된 건 무엇이(어떤 게) 있나요? (또는) 그대로 유지하는 데 도움이 된 건 무엇이(어떤 게) 있나요?"

"힘들고 어려우셨는데도 그동안 어떻게 견뎌 왔나요?"

사례

준희네

 # 3개월 후, 가정방문 전에 어린이집 교사를 면담함.

사례관리자: 그동안 선생님이 보시기에 어떤 게 나아졌나요?

교사: 그대로 하고 계세요. 할머니가 신경을 더 써 주셔서 그런지 아이들도 전보다 깨끗하고, 준미는 친구들하고 잘 놀고 그래요.

사례관리자: 준석이나 준미가 잘 지내도록 선생님께서는 어떻게 도와주셨는지도 궁금하네요.

교사: 저야 뭐……. 아버지가 오셨을 때 아이들이 잘하는 거 이야기하고. 참! 준희랑 엄마가 같이 온 적이 있어요. 저도 깜짝 놀랐어요. 엄마가 밖에 있기에 인사도 하고 아이들이 참 잘 크고 있다고 엄마가 잘해 줘서 그런가 봐요, 했더니 웃으시더라

고요.

사례관리자: 그러셨어요? 엄마가 달라진 건가요?

교사: 그럼요! 처음에는 '참 너무하다' 생각했는데 달라지는 거 보니까 저도 너무 좋더라고요. 준석이 가족한테서 오히려 배웠어요.

사례관리자: 선생님이 정말 대단하세요. 관심 가지고 연락 주신 것도 그렇고. 준석이네가 잘 지낼 수 있는 게 선생님 덕분이네요. 그런데도 선생님께서는 이번에 준석이네 가족을 보면서 배우셨다고 하시니…….

교사: 제가 뭘요. 그동안 '왜 저럴까' 하고만 생각했던 게 부끄러웠어요. 준석이 가족에게 고마운 게, 비슷한 다른 가족에 대해서도 많이 생각하게 되었거든요.

사례관리자: 선생님은 하나의 경험을 통해 더 많은 걸 배우고 잘하시려고 하시네요. 어떻게 그렇게 하세요?

교사: 워낙 많은 아이들 부모님을 만나야 되잖아요. 저도 더 많이 배워서 좋은 교사가 되고 싶거든요.

…… (중략) ……

가정방문

사례관리자: 세 달이 지났는데…… 그동안 지내면서 나아진 게 무엇이 있나요?

아버지: 뭐, 아이들과 집사람 지내는 거는 전에 이야기한 그대로 하고 있고요.

사례관리자: 그러세요? 어떻게 그대로 해 올 수 있으셨어요?

아버지: 어머니 도움이 제일 크죠. 참! 집사람이 반찬을 한두 가지 더 배웠어요.

사례관리자: 그래요? 그럼 더 나아지신 거네요?

아버지: 맛은 그냥 그래도…… 하려고 하니까 맛있게 먹어 줘야죠.

사례관리자: 그리고 또 어떤 게 나아졌나요?

아버지: 저는…… 아직 기술을 배우지 못하고 있어서…….

사례관리자: 예, 쉽지 않죠. 그럼 좀 더 알아보고 계신가요?

아버지: 아니요. 아직 기술을 배우지는 못했지만 전에 일하던 곳에서 알던 형님을 찾아갔었어요. 그래도 그때 그 형님이 제 생각을 많이 해 줬거든요. 아직도 거기서 일하고 있더라고요. 그 형님이 이야기를 잘해서 거기서 다시 일하기로 했어요. 한 달 후부터요.

사례관리자: 와~! 그동안 일할 곳을 찾으셨네요.

아버지: 예, 이제는 그래도 벌이가 있을 거니까……. 식구들이나 어머니한테도 얼굴을 들 수가 있네요.

사례관리자: 그곳에서 일했었으니까 어떤 일인지는 아실 텐데……. 이번에 일하시다가 혹시라도 힘들면 전과 어떻게 다르게 하시겠어요?

아버지: 전하고는 다를 수밖에 없죠. 그래도 사람이 살면서 힘든 일은 꼭 있으니까, 그러면 아이들 생각해야죠. 전에 제가 그랬잖아요. 아이들이 저처럼 살게 할 수는 없다고. 그리고 이제는 어머니도 있는데 제대로 된 모습을 보여 드려야죠.

사례관리자: 아버지 결심이 대단하시네요. 지난번에 달라진 걸 1부터 10까지 중에서 이야기해 주셨잖아요. 그때보다 더 올라갔나요?

아버지: 그럼요. 일할 거니까, 전보다 1이 더 올랐어요. 한 달 후부터

니까 전보다는 더 나아진 게 확실한 거죠.

사례관리자: 혹시 어린이집 선생님한테 물어보면 무엇을 보고 전보다 더 올랐다고 할까요?

아버지: 선생님이 집사람을 만났다고 이야기했어요. 준희랑 같이 아이들 데리러 와서 반가웠다고……. 아마 이거에 5는 주지 않을까……. 집사람이 아이들 데리러 갔으니까. 시작이 반이잖아요. 자꾸 더 많이 가고 그러면 점수가 더 올라가겠죠.

…… (중략) ……

사례관리자: 한 달 지내보셨으니까 혹시 이런 걸 좀 알았으면 도움이 되겠다 싶은 게 있으세요?

아빠: 지금은 없어요.

사례관리자: 이제 한 달 후부터는 일하신다고 하셨는데, 제가 한 번 더 연락드릴까요? 아니면 이제는 안 해도 될지……?

아빠: 이제는 제가 하겠습니다. 선생님도 바쁘시잖아요. 제가 도움이 필요하면 다시 연락드릴게요.

---

2) 재개입

이용자의 상황이 다시 나빠졌을 때는 재개입이 필요하다. 강점관점 해결중심 사례관리에서는 '다시 나빠졌다'는 것은 이전에 괜찮게 지냈을 때가 있었다는 것을 의미한다. 그래서 사례관리자는 재개입을 위해 이용자와 다시 만날 때 이전과 무엇이 다른지, 이전에 만났을 때 성공했던 경험중에서 활용할 만한 것이 무엇이 있는지, 이번에는 무엇을 다르게 해야 할지 등을 물어본다. 위기에는 위험과 기회, 두 가지 측면이 있다. 강점관점 해결중심 사례관리에서 사례관리자는 이용자가 인식하는 위기를 다시 기회로 활용하게 돕는 역할을 한다.

사례

미영이네

1년 후

(전략) ……

엄마: 선생님! 어떻게 해요. 애 아빠가 요즘 술 먹고 난리도 아니에요.

사례관리자: 아휴, 그랬군요! 아버지가 그러신 지 얼마나 됐나요?

엄마: 한 달 정도 됐어요.

사례관리자: 그럼 그전과 한 달 동안은 뭐가 달랐나요?

엄마: 예, 친구하고 일해 본다고 얼마 동안 바빴는데……. 그게 안 됐어요. 친구한테 사기당했어요. 그게 어떻게 모은 돈인데……. 나도 보탰고요. 근데……. 아니, 속상하면 내가 더 속상한 건데 왜 자기가 저러는지 모르겠어요. 참, 나도 잊어버리려고 하는데…….

사례관리자: 잊어버려야겠다…… 어떻게 그렇게 하실 수 있으세요?

엄마: 안 그러면 억울해서 안 되죠. 일이 잘되면 우리 아이들한테 엄마가 잘 사는 거 보여 주려고 했는데…….

사례관리자: 그러셨어요. 속 많이 상하셨을 텐데……. 그래도 잊으려고 하시네요. 그래도 그러면 도움이 되세요?

엄마: 그동안 짧은 시간이었지만 일이 많았어요. 미영이 엄마도 저세상으로 갔거든요. 그래도 내가 맘 쓰니까 미영이랑 지내는 것도 많이 좋아졌거든요. 이제는 어떻게 해요, 미영이가 내 자식인데……. 애쓰고 노력해서 얻은 것인데…….

사례관리자: 그럼요, 어머니가 애쓰고 노력해서 얻으셨죠. 미영이 아버지는 그동안 어떠셨나요?

엄마: 애 아빠도 애 안 썼다고는 말 못하죠. 내가 알아요. 이번에 친구랑 일해 보겠다고 할 때도 걱정이 안 된 건 아니지만 어떻게든 지금보다 더 잘 살아 보겠다고 그런 거. 그리고 우리 애들 이야기도 같이했었고요. 나만 한 번 찾아갔었어요. 만나지는 못하고 그냥 애들 학교 근처에서 보기만 했어요. 애 아빠도 알고 있고요. 그리고 내가 일하는 것도, 미영이한테 하는 것도 많이 믿어 줬다는 걸 알지요.

사례관리자: 와~! 가족이 모두 어떻게 그렇게 애쓰실 수 있으셨어요?

엄마: 그렇게 힘든 일을 함께 견뎌 왔는데……. 미영이 오고, 나도 힘들었고, 미영이 엄마 저세상 가고……. 참……. 그런 일을 견뎌 왔는데…….

사례관리자: 미영이 아빠가 지금 이 자리에 함께 있다면 지금 이야기한 것을 듣고 뭐라고 이야기하실까요?

엄마: 그 사람도 같은 이야기를 할 거예요.

사례관리자: 두 분이 같이 견뎌 온 거니까 그러시겠네요. 그럼 그동안 함께 힘든 일도 견디고 하셨으니까 더 잘 아실 텐데, 미영이 아버지가 1년 동안 지낸 것처럼 '다시 그럴 수 있다'는 10이고,

'전혀 아니다'는 1이면 어머니는 미영이 아버지가 어디에 있다고 보세요?

엄마: 지난 1년은 10이지요. 지금은 그래도 다시 맘잡을 거다 싶어서 8. 지금은 10은 아니에요. 예전으로 돌아가지 않을 거라고 생각하지만 그래도 모르는 일이잖아요. 그래서 불안하고……. 나갔다 들어와서 술 먹고 있는 거 보면 속에서 화가 치밀어 올라서 남편한테 막 뭐라고 하다가 어느 순간 '이러면 안 되지' 그런 생각이 들어서 방에서 휙 나가요.

사례관리자: 그런데도 어떻게 8을 주실 수 있으세요?

엄마: 사실 더 나쁠 거예요. 근데 '8은 되어야지' 하고 믿고 싶은 마음이 더 커요. 그것도 아니면 그 꼴을 어떻게 보겠어요. 그리고 속상해하는 게 한편으로는 이해도 되고.

사례관리자: 제가 듣기에 어머니가 1년 전에 아버지가 그렇게 하셨을 때와 다르게 하시는 거 같은데…….

엄마: 그렇죠. 아무래도…….

사례관리자: 어머니가 전과 다르시니까 아버지도 속상하긴 하지만 좀 다르신가요?

엄마: 예, 술 마시기는 해도 다른 게 전에는 때렸거든요. 근데 지금은 울어요. 그거 보니까 '얼마나 속상하면 그럴까' 싶어 마음이 짠하고. 잘해 보려고 그랬다고 하기도 하고……. 그런 게 달라요.

사례관리자: 그래요? 그래서 8이라고 하실 수 있는 건가요?

엄마: 예, 다르니까……. 잘 지내다가 저러니까 이해는 가면서도 마음이 철렁하고 불안했거든요, 근데 생각해 보니까 진짜 8로 할래요.

사례관리자: 힘든 시간을 함께 견뎌 내셨기에 가능한 건가요?

엄마: 예, 맞아요. 허투루 보낸 시간이 아니니까……. 정말 어떻게든 잘해 보려고…….

사례관리자: 그럼요, 그러시죠. 애 많이 쓰셨는데 그 시간이 정말 허투루 보낸 시간이 아니었네요. 어머니! 이번에 다시 찾아오셔서 오늘 이야기하니까 궁금한데, 앞으로 그동안 해 오신 대로 그대로 하시면 될까요? 아니면 지금까지와는 뭔가 다르게 하셔야 할까요? 어떠세요?

엄마: 시간이 좀 지나야 돼요. 내가 일도 하고 있으니. 사실 사는 데 지금 막 급한 건 아니거든요. 술 먹을 때도 내가 좀 받아 주고 이해해 줄 때는 달랐어요. 지금까지는 내가 이해해 달라고 많이 그랬는데 얼마 동안은 내가 애 아빠를 이해해 줘야 하지 않을까…….

사례관리자: 아버지는 어머니가 어떻게 하는 걸 보면 '날 이해해 주는구나' 하고 아실까요?

엄마: 술 마시는 거 보면 잔소리하고 술병을 뺏기도 하고 그랬는데, '속 버리지 말라'고 따끈하게 찌개도 끓여 주면서 몸 걱정해 주고 하면 좋아할 거예요. 애 아빠가 내가 끓여 주는 찌개가 맛있다고 맨날 그러거든요. 참! 미영이 학교 숙제나 준비물 챙겨 주고 하는 것도 더 신경 써야겠어요. 말은 안 하지만 아이 신경 쓰는 거 알고 있으니까.

사례관리자: 어머니가 생각하시기에 얼마 동안 그렇게 하시면 도움이 될 것 같으세요?

엄마: 길어야 한 달일 거예요.

사례관리자: 어떻게 아시나요? '그럴 것이다.'라고 알 수 있는 게 있으세요?

엄마: 요 며칠 '다시 해 봐야지.' 그런 이야기를 많이 하거든요. 처음에는 '죽어 버리겠다. 다 부순다.' 그러면서 소리 지르고 그랬는데, 요즘은 '그래도 살아야지.' 하면서 미영이 학교 잘 다니는지 물어보고 그러니까요.

사례관리자: 그런 걸 보셨으니까…… 그렇겠네요. 이미 아버지가 조금씩 달라지고 있으시네요. 그럴 수 있게 어떻게 도와주셨나요?

엄마: 나도 처음에는 너무 놀랐죠. 처음엔 나도 이제 와서 이게 뭔가 싶어서 헤어져야 하나, 하는 마음도 들었어요. 근데 1년 동안 어떻게든 해 보려고 한 시간이 너무 아까운 거예요. 어떻게 견뎠는데……. 그러다 보니 애 아빠가 안됐다는 마음이 들기도 하고, 그러면 나도 좀 덜 날카로워지고…….

사례관리자: 아버지도 어머니가 그렇다는 걸 알고 있나요?

엄마: 아마…… 알겠죠, 아니까 그렇겠죠. 이야기하다 보니까 어떻게 해야겠는지 좀 알겠어요. 마음이 급하다 보니 그저 캄캄했는데…….

…… (후략)

6. 기타: 사례회의

사례관리자는 사례를 진행하면서 사례에 관해 함께 논의하는 사례회의 시간을 가진다. 사례회의에서는 흔히 사례담당자가 이용자를 만나 파악한 문제를 먼저 이야기하고 난 다음, 사례회의에 참석한 동료나 실천가가 사례에 관해 궁금한 것을 물어보거나 참석자가 각자 경험했던 것을 이야기하고는 한다. 이때 사례회의 참석자는 사례담당자가 이용자의 문제를 정확하게 파악했는지, 서비스 제공에서 간과한 것은 없는지 등에 주로 초점을 두면서 질문하고, 자신들이 효과가 있다고 생각한 방법을 알려 준다. 하지만 이렇게 진행하면 이용자는 형편없고 무기력한 사람으로 낙인찍히고, 사례담당자에게는 자신이 잘못했거나 부족했던 점을 지적받는 시간이 된다. 강점관점 해결중심 사례회의에서는 사례관리를 진행할 때 이용자가 잘해 왔던 것에 초점을 두면서 자기 능력과 강점을 최대한 발휘하게 돕는 것처럼, 사례담당자가 무엇을 잘했으며 앞으로 무엇을 다르게 하면 이용자를 더 잘 도울 수 있는지에 초점을 둔다. 아울러 강점관점 해결중심 사례회의는 오로지 사례담당자가 궁금해하는 것에 초점을 두므로 시간을 단축할 수 있어 효율적이고, 사례담당자가 비난받지 않고 이용자를 돕는 데 필요한 아이디어를 더 많이 얻을 수 있는 시간이 되어 효과적이다. 다음에 제시한 사례를 통해 강점관점 해결중심 사례회의는 어떻게 진행되는지 살펴보자.

사례

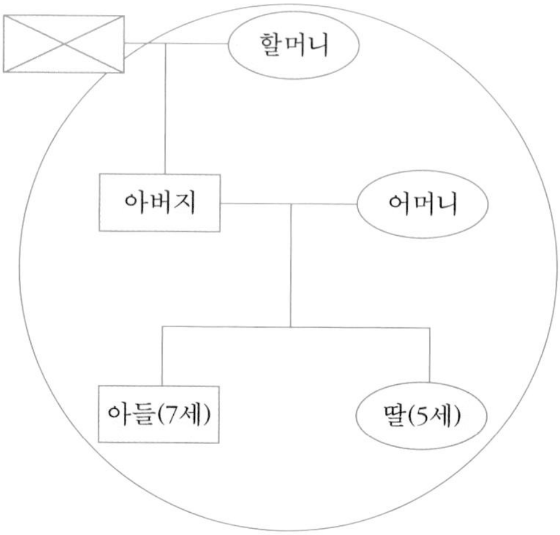

[그림 3-1] 발표사례 가계도

사례 담당 기관: 지역사회복지관

의뢰 시 나타난 문제

아버지는 신체장애와 음주 문제가 있고 아내를 구타한다. 어머니는 이미 아이들을 데리고 2~3회 가정폭력쉼터에 갔으며, 그곳에 얼마 있다가 다시 집으로 돌아가는 악순환을 반복해 왔다. 가정폭력 전문가는 이런 상황에서는 부모가 같이 아이를 키우는 것이 어렵다고 했으나 부모는 둘 다 무슨 일이 있어도 키우겠다고 하고 있다. 이 가정에서는 할머니가 경제력을 가지고 있는데, 할머니는 가정폭력 사실을 강하게 부인하면서 사례관리자를 만나기를 거부하고 있다.

다음은 일반 사례회의와 강점관점 해결중심 사례회의에서 이루어지는 질문이 어떻게 다른지 보여 주고 있다.

일반 사례회의	강점관점 해결중심 사례회의
• 아버지의 신체장애는 어느 정도인가요? • 아버지의 폭력이나 음주 문제는 어느 정도로 심한가요? • 음주 문제 치료를 위해 알아보신 게 있으세요? • 저 같은 경우에는 전에 ○○기관에 연결했었는데……. 혹시 거기도 알아보셨어요? • 할머니가 가정폭력을 부인하는 이유가 무엇인지 알아보셨나요? • 아이들은 때리지 않나요? 아동학대 신고센터에는 알아보셨나요? (또는 아동학대 신고를 해야 하지 않나요?) • 아이들이 심리검사는 받았나요? 심리검사를 의뢰해서 아이들 상태가 어떤지도 빨리 알아보셔야 할 것 같은데요. • 다른 쉼터는 알아보신 게 있으신가요? • 제가 알기에는 ~한 게 있는데 알려 주셨나요? (또는 알려 주면 될 것 같은데요.)	• 이 시간을 통해 어떤 걸 알게 되면 앞으로 사례를 진행하는 데 도움이 되시겠어요? • 그동안 이 가족이 잘해 온 건 무엇인가요? • 가족에게 물어보면 선생님이 어떻게 한 게 도움이 되었다고 이야기할까요? • 가족 상황이 쉽지 않은데도 이 부모는 어떻게 아이들은 꼭 자신이 키우겠다고 이야기할 수 있나요? • 부인한테 물어보면 남편의 폭력이 계속되는데도 다시 집으로 돌아가는 이유가 뭐라고 할까요? • 아이들에게 물어보면 어떻게 지내고 싶다고 이야기할까요? • 사례관리자로서 '이 사례를 잘 진행하고 있다'는 10, '아니다'는 1일 때 지금까지 진행하신 건 어디쯤인가요? (개입을 어느 정도 진행한 경우) • (사례회의 마지막에) 앞으로 이용자를 만나서 이걸 해 보면 도움이 되겠다고 생각하는 건 어떤 게 있나요?

일반 사례회의에서는 이용자의 문제가 정확히 무엇이고, 얼마나 심각한지, 그리고 문제를 효과적으로 해결하기 위해 사례관리담당자가 제공해야 할 서비스에 대한 정보를 주는 데 초점을 둔다. 따라서 앞에서 제시

한 예처럼 질문하면 사례담당자는 대체로 "예, 알아봤는데~" 또는 "알아보긴 했는데, 이번 경우는 특별해서~"라고 대답하거나 "아니요. 아직 못 했습니다. 알아보도록 하죠."라고 대답한다.

강점관점 해결중심 사례회의에서는 사례담당자가 이용자를 가장 잘 알고 있다고 전제하므로, 위에서 제시한 예를 통해 알 수 있듯이 다음 사항에 초점을 두고 질문한다. 첫째, 사례발표자가 사례회의를 통해 도움받기를 원하는 것은 무엇인가? 둘째, 이용자의 강점은 무엇인가? 셋째, 사례담당자가 지금까지 해 온 것 중 이용자에게 도움이 된 것은 무엇인가? 넷째, 다음에 이와 비슷한 이용자를 만나면 지금까지 해 왔던 것과는 무엇을 다르게 하겠는가? 다섯째, 기관(또는 팀)에서 이용자를 돕는 것과 관련해서 결정해야 하는 것은 무엇이 있는가?

다음 예를 통해 강점관점 해결중심 사례회의가 어떻게 진행되는지 살펴보자.

사례

 # 사례회의 참석자: 진행자, 담당자, 직원 1, 직원 2(총 4명)

진행자: 선생님, 오늘 사례회의에서 도움이 되었으면 하는 게 무엇인지 이야기해 주세요.

담당자: (앞의 사례에 대한 설명 후) 경제력이 할머니한테 있어요. 할머니와 이야기할 수도 없고 어떻게 해야 할지 당황스러워서요.

진행자: 그럼 오늘 이 시간 후에 이 사례를 진행할 때 어떻게 다르게 할 수

있으면 이 시간이 도움되었다고 할 수 있나요?

담당자: 할머니하고도 이야기가 안 되고 엄마는 저렇게 폭력이 있는데도 아무런 대책도 없고 해서 누구하고 이야기를 해야 할지 막막한데, 가족 중 누구와도 이야기를 해서 뭐라도 할 수 있게 되면요.

직원 1: 그럼 선생님이 그동안 가족을 만나 오셨으니까 그래도 가족을 가장 잘 알고 계시잖아요. 가족 중 이야기를 시작할 가능성이 가장 높은 사람은 누구인가요?

담당자: 할 수 있으면 할머니랑 이야기하는 게 제일 좋을 것 같아요. 애들 엄마는 아무 힘이 없더라고요. 할머니가 뭐라고 하면 꼼짝을 못해요.

직원 2: 할머니와 '이야기할 수 있다'면 10, '전혀 아니다'면 1일 때 어느 정도인가요?

담당자: 3 정도. 그래도 이야기를 전혀 안 한 것은 아니니까요. 사실 누구든 그런 이야기를 하고 싶지는 않겠죠.

직원 1: 선생님이 할머니와 이야기를 하셔야 하니까……. 그럼 할머니한테 물어보면 선생님이 지금까지 했던 것과 무엇을 다르게 하면 선생님과 이야기를 하겠다고 하실까요?

담당자: 할머니가 자식을 위해 열심히 사신 건 사실이에요. 제가 그 부분을 빼고 이야기를 했네요. 할머니가 열심히 살아오셨다는 걸 지지하면서 이야기하면 이야기하기가 더 나을 것 같다는 생각이 드네요.

직원 2: 그런데 궁금한 게 부모는 그런 상황에서도 어떻게 아이들은 꼭 자신들이 키우겠다고 이야기할 수 있나요?

담당자: 선생님이 질문하시니까 다시 생각해 보게 되는데요. 전 무책임하다고만 생각했었거든요. 그런데 또 달리 생각해 보니 오히려 부모가 아이들을 키우겠다는 게 강점이 될 수도 있겠구나, 하는 생

각이 드네요.

직원 2: 부모에 대해 생각을 달리 하시게 되니까 이후에 가족들과 만나게 되었을 때 무엇을 다르게 하시게 될까요?

담당자: 부모와 이야기 나누는 데 부담이 적어지지 않을까……. 부모가 하는 이야기가 말도 안 된다고 생각해서 어떻게 설득해야 하나, 하는 생각이 많았는데 정말 부모가 하는 이야기를 들어 봐야겠구나 싶네요. 뭐라고 할지 저도 궁금해지네요.

진행자: 그럼 이후에 선생님이 이야기하신 대로 진행하시면 될까요? 또 도움이 되었으면 하고 생각나는 게 있으세요?

…… (후략)

사례회의를 할 때 이용자가 현재 기관이나 팀에서는 수행하기 어려운 일을 해 달라고 해서 사례담당자가 곤란하다고 호소하는 경우가 있다. 이럴 때 사례담당자에게 기관이나 팀의 원칙, 제한점을 이용자에게 이야기하라고 제안하기보다는, 무엇을 하면 도움이 될 수 있는지를 함께 논의하는 것이 더 효과적이다. 이렇게 사례회의를 진행하면 때로는 기관에서 정해 놓은 원칙이 오히려 이용자와 효과적으로 일하는 데 제약이 되므로 새로운 원칙이나 기준이 필요하다는 것을 발견하기도 한다. 그럼 사례회의에서 기관이나 팀의 원칙, 제한점을 논의할 때와 사례담당자와 이용자에게 도움이 될 방법을 논의할 때 어떤 차이가 있는지 살펴보자.

담당자: 이용자가 원하는 일을 하는 기관이 이미 지역에 있는데, 어머니가 저한테 해 달라고 하시니 어떻게 해야 할까요?

기관이나 팀의 원칙, 제한점을 논의할 때	사례담당자와 이용자에게 도움이 될 방법을 논의할 때
팀: 그 일을 저희가 할 수 없다고 어머니에게 이야기는 해 보셨어요?	팀: 어머니도 그 일을 다른 기관에서 하고 있다는 걸 알고 계신가요?
담당자: 예, 이야기했는데도 자꾸 그러시니까…….	담당자: 예, 이야기 드렸는데도 그렇게 이야기하시니까…….
팀: 잘 이해하시도록 이야기하고 그 일은 담당 기관으로 넘겨야 할 것 같은데요.	팀: 선생님께서 어머니 사정을 가장 잘 아실 테니까요. 어머니가 그렇게 하시는 무슨 이유가 있으신가요?
담당자: 그건 그렇죠. 저도 그렇게 생각하기는 하는데…… 어머니가 너무 싫어하시니까…….	담당자: 전에 거기 담당자를 만난 적이 있었는데 다시는 만나고 싶지 않다고 하시더라고요.
팀: 그래도 어머니가 이해하시도록 설득을 잘해야지 않을까요? 뭐라고 이야기하셨어요?	팀: 선생님은 이 사례를 진행하셔야 하니까……. 지금 그런 상황에서 어떻게 하는 게 선생님이 진행하시는 데 도움이 될까요?
담당자: 저도 여러 번 이야기했어요. 그런데도 저러니까…….	담당자: 저도 우리 일이 아니라는 건 아는데 그래도 어머니가 저렇게 이야기하시니까 제가 좀 해 봐야 하지 않을까, 하는 생각이 들어요.
팀: 어머니가 다른 이야기하는 건 잘 이해하시나요?	팀: 그렇게 하시면 이용자와 일하시는데 어떻게 도움이 되는지 궁금한데요.
담당자: 뭐, 그런 것도 있고 아닌 것도 있고 그래요.	담당자: 일단 어머니와 시작하면, 이야기하는 걸로 봐서 어머니가 다른 것도 해낼 수 있는 게 많거든요.

사례담당자가 사례를 가장 잘 돕게 지원하려면 이용자에게 기관이나 팀이 할 수 없는 일이 있다는 것을 설득하라고 하기보다는 이용자가 원하

는 변화를 위해 할 수 있는 것이 무엇인지, 그 일을 하려면 기관이나 팀이 이전과 다르게 해야 할 것이 있는지, 다르게 하면 이용자에게는 어떻게 도움이 될 수 있는지 등을 고려해서 논의해야 한다. 이용자가 자기 삶의 주인으로서 권한을 가지면 변화를 위해 더 많은 동기를 가지게 되는 것처럼, 사례관리자 역시 자기 담당 사례를 가장 잘 돕는 실천가로서 권한을 가지고 일할 때 더 많이 성장할 수 있다. 사례관리자의 성장은 사례관리의 개입 효과를 높이는 데 이바지하므로 특히 더 중요하다.

제4장

강점관점 해결중심 사례관리의 효과

1. 양적 연구결과
2. 질적 연구결과

어떤 대륙에서건 가난한 이의 가장 절박한 욕구,

가장 기본적인 욕구는 존중을 받고자 하는 것이다.

이 존중을 전달하려면 상대방 생각에 대한 고려가 필요하다.

어떤 경우라도 우리의 생각을 강요해서는 안 된다.

- 에마뉘엘(Emmanuelle, S.) 수녀의
『풍요로운 가난』 중에서 -

강점관점 해결중심 사례관리를 3년 이상 장기적으로 시행한 대표적인 사업에는 크게 두 가지가 있다. 첫째는 2004~2006년까지 보건복지부가 시행한 '취약여성가구주 사례관리 사업'[1]으로, 빈곤여성가구주 가구의 가족기능과 심리적 지원을 강화해 '탈빈곤'을 목적으로 한다. 둘째는 2006~2012년까지 시행된, 사회복지공동모금회 기획사업으로 시작한 '우리아이 희망네트워크 지원사업'으로, 복지 사각지대에 있는 아동에게 균등한 성장 기회를 제공하고 해당 지역사회 내 아동보호와 지원의 안전망을 강화해 아동의 삶의 질을 향상하는 것을 목적으로 한다. 두 시범사업의 중요한 공통 특징 중 하나는 솔루션센터[2]가 교육지원팀으로 활동하면서 실무자를 대상으로 강점관점 해결중심 사례관리에 관한 집중적이고도 지속적인 슈퍼비전을 제공했다는 점이다. 다음은 두 사업에 참여한 이용자에 대한 양적 연구결과와 질적 연구결과의 일부를 요약 정리한 것이다(노혜련 외, 2006; 노혜련, 유서구, 박화옥, 김경희, 김수영, 2011).[3]

---

1) 취약여성가구주 사례관리 사업은 2004~2006년에 보건복지부 시범사업으로 시행하였으며, 2007~2009년에는 여성가족부의 '한부모가족 생활안정지원사업'으로 주관부처와 사업명칭을 바꿔 시행하였다. 이후 현재까지 건강가정지원센터에서 '한부모가족 사례관리 서비스'로 확대해 실시하고 있다.

2) 솔루션센터는 2004~2009년까지 6년 동안 취약여성가구주 사례관리 사업에서 교육지원팀으로 실무자의 교육과 훈련, 슈퍼비전을 담당하였다. 우리아이 희망네트워크 지원사업에서는 2006~2008년까지 3년 동안은 9개 센터의 실무자 슈퍼비전을 담당하였으며, 2009년부터는 모든 센터의 슈퍼비전을 담당하였다.

3) 우리아이 희망네트워크 지원사업에 관한 평가연구는 총 3번에 걸쳐 이루어졌는데, 이 책에는 사업의 종결을 앞두고 우리아이 희망네트워크 지원사업에 참여한 아동과 가족, 더 나아가 그들이 사는 지역사회가 경험한 변화가 지속 가능한 것인지, 그리고 그 변화에 우리아이 희망네트워크 지원사업이 어떻게 영향을 미쳤는지를 밝히고자 이루어진 연구(노혜련 외, 2011) 결과의 일부만을 실었다.

1. 양적 연구결과

1) 취약여성가구주 사례관리 사업

2006년에는 2005년에 전국 5개 지역에서 시행한 본 사업에 참여한 이용자 중 128명을 양적으로 평가하였다. 전체적으로 볼 때 본 사업에 참여한 빈곤여성가구주는 경제적 빈곤 문제와 함께 신용 불량, 채무, 이혼, 신체적 건강, 심리적 문제, 법적 문제, 가족 문제 등을 생활에서 복합적으로 겪고 있었다. 이용자 전체를 보면 두 변수, 즉 전반적인 경제적 상황에 대한 인식과 생활만족도는 종결 시점에 한 사후조사 결과가 서비스 시작점에 한 사전조사 결과보다 통계적으로 유의미하게 높은 것으로 나타났다. 그리고 그 외의 다른 변수에서는 빈곤여성가구주가 강점관점 해결중심 사례관리에 참여할 때 어떤 변화를 원했는지에 따라 유의미하게 변화한 변수도 다르게 나타났다. 예를 들어, 재정적인 어려움을 해결하려고 참여한 이용자는 사후조사 시 사전조사보다 돈 때문에 느끼는 스트레스 정도가 유의미하게 감소하였고, 월평균 가구 소득도 유의미하게 증가하였다. 한편 심리적 건강 때문에 서비스에 참여한 이용자는 사후조사 시 우울감과 심리적 건강 때문에 느끼는 스트레스 정도가 유의미하게 감소한 것으로 나타났다. 이처럼 여성가구주가 원하는 변화에 따라 유의미하게 변화한 요인도 다르게 나타난 것은 강점관점 해결중심 사례관리가 맞춤형으로 진행되는 실천임을 보여 준다. 그리고 취약여성가구주 사례관리 사업의 평균 개입기간은 약 109일이었는데, 이는 강점관점 해결중심 사례관리가 이용자를 변화의 주체라고 믿고 이용자의 강점과 성공한 경험을 활용해 실천함으로써 기존 사례관리보다 훨씬 더 빨리 종결할 수 있기 때문이다.

이 연구와는 별개로 솔루션센터에서는 2008년에 강점관점 해결중심 사례관리의 종결 후 개입 효과를 파악하려고 2004~2006년 사이에 연구를 진행하고 종결한 이용자(5개 기관에서 종결한 지 최소 6개월에서 3년 이상 된 이용자로, 총 329사례)를 대상으로 이용자의 상황이 종결 시점과 비교해서 향상되었는지, 그대로 유지되고 있는지, 아니면 악화되었는지 알아보았다. 그 결과 이용자 중 대다수(79.6%)는 사례관리 종결 후 상황이 향상되었다고 응답하였고, 종결 시 상황을 그대로 유지하고 있다고 응답한 이용자는 14.3%였던 반면, 종결 당시보다 상황이 악화되었다고 응답한 이용자는 6.1%에 지나지 않았다. 사례관리 개입 후 종결 시 나아진 상황을 그대로 유지하거나 종결 후 상황이 나아진 이용자는 93.9%에 이르러 사례관리 개입의 장기적 효과가 매우 크다는 것을 보여 주고 있다. 이렇게 이용자 대부분이 종결 후 6개월에서 3년 이상이 지난 시점까지도 종결 후 나아진 상황을 그대로 유지하고 있거나, 더 나아졌다고 응답한 것은 사례관리가 강점관점 해결중심으로 이루어진 것과 밀접한 관계가 있다고 본다. 왜냐하면 강점관점 해결중심 사례관리에서는 이용자를 자기 어려움을 해결할 능력이 있는 사람으로 믿고 존중하며, 이용자가 자신만의 고유한 방법으로 문제를 해결하게 돕는다. 따라서 이용자는 사례관리에 참여하지 않는 상황에서도 자기 삶이 나아지게 하는 능력을 발휘할 수 있게 된다.

한편 총 329명의 이용자 중 종결 이후 상황이 악화되었다고 응답한 20명

(6.1%)에게 그 이유를 물어본 결과, 수입은 일정한데 물가 상승과 경기 악화, 질병과 수술, 이혼 등 개인적인 상황의 변화와 대학 진학으로 인한 학비 지출 등으로 생활이 어려워졌다고 응답해 빈곤한 상태에서 벗어나는 것이 현실적으로 얼마나 힘든지 보여 주고 있다.

2) 우리아이 희망네트워크 지원사업

2011년에는 2006년 5월~2010년 11월까지 우리아이 희망네트워크 지원사업에 참여하고 사례관리자와 합의해 종결한 아동과 주 보호자에 대한 추적조사를 진행하였다. 전국 11개 센터에서 무작위 추출을 통해 선발한, 지원사업에 참여한 아동 51명 중 92%와 주 보호자 71명 중 80%는 적어도 6개월에서 많게는 3년 이상이 지난 시점까지도 종결 당시 나아진 생활을 그대로 유지하고 있거나, 더 나아졌다고 응답하였다. 이는 우리아이 희망네트워크 지원사업에 참여한 경험이 이용자의 생활 전반에서 긍정적인 영향을 장기적으로 미치고 있음을 보여 주는 것이다.

연구결과 중 주 보호자가 인식하는 현재 가족생활만족도의 전체 평균 점수는 100점 만점으로 환산하면 67점에 해당하는 것으로, 높은 수준은 아니었다. 문항별 결과를 보면 가족의 경제적 안정과 관련된 문항(우리 가족은 경제적으로 안정되어 있다.)에 대한 만족도가 49점으로 가장 낮게 나타나 종결 이후에도 경제적인 어려움이 가장 큰 위협요인임을 보여 주었다. 반면 가족의 생활이 더 나아질 것이라는 희망과 관련된 문항(우리 가족의 생활이 더 나아질 거라는 희망이 있다.)은 80점으로, 빈곤으로 인해 여전히 어려운데도 미래에 대한 기대와 희망을 품고 살아가고 있음을 보여 주었다. 더욱 놀라운 결과는 주 보호자의 종결 이후 경과기간이 상대적으로 더 긴 집단(2년 이상)이 짧은 집단(2년 미만)보다 생활만족도와 가족생활만족도, 자원 관련 강점 수준(자원 활용 능력, 격려와 지지하는 사람의 존재 여부 등)의 세 가지 영역 모두에서 더 높은 점수를 나타냈다는 것이다. 특히 자원 관련 강점 수준과 관련해서는 집단 간 차이가 유의미한 것으로 나타나 이용자의 자조능력이 시간이 지나면서 오히려 증가하고 있음을 시사하고 있다.

우리아이 희망네트워크 지원사업에 참여하면서 아동에게 어떤 변화가 있었는지를 아동 자신과 주 보호자에게 개방형으로 질문한 결과, 아동 중 반수 이상이 '또래관계 향상'과 관련된 이야기를 하였고, 아동 10명 중 약 3명이 '적극적 · 긍정적 성격으로 변화'와 '생활의 즐거움 증가' '학업능력 향상'과 관련된 이야기를 하였다. 아동들은 그 밖에도 '사회적 기술 향상' '심리 · 정서적 안정과 변화' '자신감 · 능력감 향상'과 관련된 이야기를 하였고, 자신의 '힘과 자조능력 향상' '봉사 · 나눔에 대한 의지와 실천' '꿈과 희망의 발견' 등을 언급한 아동도 있었다. 아동의 변화에 대한 주 보호자의 응답 내용도 아동의 응답과 거의 같았지만 그 비율에서는 차이가 있었는데, 가장 많은 주 보호자(10명 중 약 4명)가 아동의 '학업능력 향상'과 '사회적 기술 향상'을 이야기하였고, 10명 중 약 3명이 '심리 · 정서적 안정과 변화' '아동의 힘과 자조능력의 향상' '적극적 · 긍정적 성격으로 변화' '또래관계 향상'을 언급하였다. 이러한 결과는 우리아이 희망네트워크 지원사업이 아동의 대인관계를 확대하고, 성격을 적극적으로 변화하게 하며, 자신감과 능력감, 자조능력을 높이는 데 도움이 됐을 뿐 아니라, 사회에서 객관적 지표로 보는 아동의 학업능력 향상에도 이바지했다는 것을 보여 준다.

한편 주 보호자 중 가장 많은 수(10명 중 4명 이상)가 사업 참여 후 나타난 자기 변화로 '심리 · 정서적 안정'과 '생활의 즐거움과 삶의 질 향상'을 언급하였고, 그다음으로는 '아동보호와 양육기능 향상' '사회적 교류 확대' '사회적 성취: 진학과 취업' '삶의 의지와 희망' 등을 이야기하였다. 그 밖에도 주 보호자 중 소수는 '적극적 · 긍정적 성격으로 변화' '자신감 · 능력감 향상' '봉사 · 나눔에 대한 의지와 실천' '관점과 시각의 변화' 등도 이야기하였다. 이러한 결과는 우리아이 희망네트워크 지원사업에서 지향하는 가족 중심 실천이 아동은 물론 가족 구성원이 긍정적으로 변화하는 데에도 도움을 주었음을 보여 준다.

마지막으로 사례관리자 실천이 아동과 주 보호자의 변화에 어떻게 도움이 되었는지를 묻자 아동 중 절반 이상과 주 보호자 10명 중 8명 이상이 사례관리자의 자질과 관련한 응답을 하였다. 구체적으로는 사례관리자가 늘 편안하면서도 진심으로 대해 주고, 이야기를 경청하며, 각 아동과 가족에 맞춰 세심하게 배려하고, 든든한 힘이 되어 줬다고 하였다. 이러한 결과는 사례관리 실천에서 그 무엇보다 중요한 것은 개별 이용자의 특성을 존중하고 맞춤형으로 일하는 사례관리자의 자세와 능력이라는 것을 다시금 깨닫게 한다.

2. 질적 연구결과[4)]

양적 연구는 계량적인 측면의 변화만을 측정하는 한계를 가지므로 이를 보완하기 위해 강점관점 해결중심 사례관리에 최소 2~13개월 동안 집중적으로 참여한 여성가구주 12명을 대상으로 질적 연구를 하였다. 그 결과 강점관점 해결중심 사례관리에 참여한 여성가구주가 구체적으로 어떤 방법을 통해 어떤 도움을 받고 어떤 변화를 경험하는지를 알아냄으로써 강점관점 해결중심 사례관리의 원리와 특징을 좀 더 분명하게 볼 수 있었다.

이들은 주로 이혼과 사별, 남편의 사업 실패와 질환 등으로 여성가구주가 되었고, 대부분 카드빚과 구직, 부업 알선, 취업교육, 생계비 · 의료비 · 교육비 · 주거비 등의 지원, 심리적 지지 상담에 대한 욕구로 서비스를 찾게 되었다. 이들은 강점관점 해결중심 사례관리를 통해 일대일 맞춤식의 상담, 가족캠프와 자조모임, 신용회복과 수급권 신청 등과 관련된 정보, 취업 전 보육 서비스 혜택과 체납보험료 감면 등과 관련된 옹호 · 대변 활동, 생계비 · 의료비 · 장학금과 같은 물적 자원의 연계와 파산신청 관련자, 교사, 법률전문가 등 인적 자원의 연계 등 매우 다양한 서비스를 받은 것으로 나타났다.

4) 우리아이 희망네트워크 지원사업에 대한 4개의 평가연구(노혜련, 유서구, 박화옥, 윤민화, 2007; 노혜련 외, 2008; 노혜련, 유서구, 박화옥, 김경희, 김수영, 2010; 노혜련 외, 2011)에서도 다양한 질적 연구가 이루어졌으나 강점관점 해결중심 사례관리나 사례관리자에 관한 내용은 취약여성가구주 사례관리 사업의 질적 연구결과와 비슷하므로 이 책에서 질적 연구결과는 후자만을 중심으로 서술하였다.

여성가구주는 강점관점 해결중심 사례관리자를 언제, 어디서나 자신의 입장에서 도와주는 동반자로 받아들이면서 구축된 신뢰관계를 바탕으로 어려움을 해결하고, 미래에 대한 꿈과 희망을 품게 되었으며, 다른 문제가 발생했을 때 사례관리자의 도움 없이도 스스로 해결할 역량이 생겼다. 빈곤 상황에서 심신이 지치고 삶의 의욕을 잃은 여성가구주는 사례관리자를 만나 적절한 정보 제공과 물질적 지원, 능력 강화에 초점을 둔 상담을 받으면서 자신과 가족의 강점을 발견하고, 자신감을 회복하며, 의욕적으로 일할 여건을 마련하고, 생활만족도가 높아졌다. 강점관점 해결중심 사례관리를 직접 경험한 이용자가 인식한 사례관리자의 특성, 강점관점 해결중심 실천원리와 방법은 강점관점 실천과 관련된 기존 문헌에서 언급한 내용과도 일치했는데 이를 정리하면 다음과 같다.[5)]

1) 강점관점 해결중심 사례관리자의 특성

- 깊은 신뢰감을 주고, 따뜻하게 배려한다.
- 진심으로 도움을 주는 버팀목과 같은 존재다.
- 이용자가 믿고 속마음을 털어놓을 수 있는 의논 상대다.
- 친동기같이 편안하다.

이용자는 사례관리자의 특성으로 따뜻함과 편안함, 신뢰를 이야기하였으며, 이러한 태도가 형식적인 것이 아니라 진심으로 자신을 도우려는

5) 이어지는 내용은 노혜련, 유성은(2007: 90-99)에 실린 자료를 수정 · 보완한 것이다.

마음에서 비롯된다고 인식하였다. 이러한 사례관리자의 태도는 이용자가 사례관리자를 신뢰하게 하였고, 그동안 혼자서 감당하던 어려움을 함께 나누는 마음의 안식처와 든든한 버팀목으로 받아들이게 하였다.

"어떨 때는 제가 여기 오기 전에는 어디 터놓고 얘기를 하고 싶었는데 얘기할 데가 없었어요. ……(중략)…… 선생님 스케줄이 없으면, 그리고 언제든지 문이 열려 있다는 걸 인식시켜 줘요. 그래서 내가 다급할 때 아무 때라도 전화할 수 있게끔, 저한테는 여기가 그 남편 역할을 해 주는 거야. 기둥 같은 역할, 그러니까 나는 이분만 있으면 내가 그늘이 돼서 편안하게 쉴 수 있는 공간이……."

"제가 느끼기에는 직업의식에서, 이걸 내가 꼭 하기 위해서 어머니한테 한다, 그런 게 저한테는 안 보였어요. ……(중략)…… 선생님도 저한테 너무너무 그런 신뢰감을 주셨고 저 역시도 선생님하고 대화를 하다 보니까 그만큼 믿게 됐는데, 주변에 어떤 사람들보다는 오히려 선생님한테 얘기를 하는 게 더 편했어요."

2) 강점관점 해결중심 사례관리 실천원리

(1) 개별화: 사례관리자는 이용자 각자의 입장과 상황을 고려해 해결 방법을 찾음

개별화는 강점관점 해결중심 사례관리의 핵심이다. 개인 사정을 고려한 서비스를 제공받은 이용자는 강점관점 해결중심 사례관리 실천을 일대일 맞춤 서비스로 인식하였다.

"동사무소 그 연결하는 과정에서도, 그러고 이제 아이들 보육할 때도 굉장히 바로 되는 건 아니었는데, 원장님하고 이제 통화해 주시면서 이제 일단은 우선적으로 취업을 해야 되고 하니까 아이들을 먼저 맡길 수 있게끔 조치를 취해 주시고, 애가 지원혜택을 받을 수 있게끔 이렇게 연결을 해 주셨어요. 일단은 애들도 적응을 해야 되니까 갑자기 떼어 놔야 되기 때문에 일찍 받아 주셨어요. 이제 원래 근무 첫 출근하는 날보다 일주일 전에, 그래서 적응까지 할 수 있게끔 이렇게 배려를 해 주셨어요."

"다른 복지사님들은 어떤 룰에 얽매여서 거기에 해당되는 것만 해 주지, 개인의 사정이 고려가 되지는 않는다는 거죠. 여기는 개인의 사정을 고려해서 일대일 맞춤식 상담이 되니까 해결방법을 찾을 수 있고, 정말로 해결해야 될 문제를 확실히 해결하는 거죠. 그게 틀리더라고요."

(2) 참다운 수용: 사례관리자는 이용자가 어떤 이야기를 하더라도 있는 그대로 이해하고 경청하며 인정함

다른 사람들은 인정하지 않는 어떤 이야기라도 경청하고, 있는 그대로 받아 줄 때 이용자는 무슨 이야기든 할 수 있게 된다. 이용자는 자신을 진정으로 수용해 주는 사례관리자에게서 힘을 얻고, 그를 자기 삶을 지지해 주는 사람으로 신뢰하였다.

"사업한다고 삐걱거릴 수 있는데 ……(중략)…… 그것 때문에 쉽게 이혼하고 이럴 거는 아니잖아요. 근데 요즘에는 그런 걸로 인해서도 쉽게 이혼하고 쉽게 아이들 진짜 떼 놓고 이러잖아요. 나는 아무리 힘들어도 그러고 싶지는 않더라고요. 근데 유혹은 참 많았어요. 왜 이혼 안 하냐, 왜 그러고 사냐, 애 다 주고 너 혼자 나오면 충분히 산다……. 이런 말들을 참 많이 하더라고요. ……(중략)…… 다른 사람들은 막 질책하고 야단하고 비꼬고 막 상처 되는 말을 하는데, 선생님은 '그런데 어떻게 이렇게 잘 참으셨어요?' '그래도 굉장히 긍정적이시네요.' 그리고 '대단하시네요.' 이 말을 해 주시니까 좀 좋더라고요."

"제 얘기 들어 주는 거만이라도……. 진짜 바깥에서는 손가락질할지언정 여기 안에서 일단 저희를 이해하고 감싸는 부분에서 받아들이잖아요. 어떻게든지 해결해 주려고 하는 마음에서 받아 주고 그러니까. 저는 뭐 그런 것도 굉장히 힘이 되는 거 같아요."

(3) 자기 결정: 사례관리자는 이용자가 스스로 결정하게 하고, 결정할 때까지 기다려 주며, 결정한 의견을 존중함

이용자가 문제 해결에 필요한 결정을 스스로 하게 할 때, 이용자는 사례관리자를 자신을 동등한 인격체로서 존중해 주는 존재로 인식하였다. 이용자는 또한 자신이 직접 내린 결정에 따라 일을 진행할 때 서비스에 더 만족하였다.

"방법이…… 그러니까 제가 처음 생각했을 때 일방적으로 할 거라고 생각했었는데 그게 아니니까. 설명을 하는데 알아듣기 쉽게 설명을 해 주시면서 모든 걸 제 의견에 맞춰서 해 주시니까 마음 편하게, 마음을 편하게 이야기를 할 수 있으니까요."

"저는 처음에는 '이렇게 이렇게 됐으니까 이렇게 하세요.' 이럴 줄 알았는데 그게 아니더라고요. 모든 게, 의견 존중을 해 주시더라고요. '이렇게 됐는데 어머니 생각은 어떠세요? 어떻게 했으면 좋겠습니까?' 제 결정에 의해서, 대답에 의해서 진행이 되고……. 너무 좋더라고요. 보통 뭐 이래, 무시하는 거, 이런 거 없잖아요. 존중해 주시잖아요."

(4) 협력관계: 사례관리자는 이용자와 대화하고 의논하면서 해결방법을 찾으며, 동반자로 함께 성장함

어렵지만 함께 해결해 보자는 사례관리자의 지지는 이용자에게 용기를 주었다. 대화하고 의논하면서 함께 변화해 나가는 과정을 통해 이용자는 사례관리자를 사회복지사라는 직업인이라기보다는 자기 인생에 함께하는 동반자로 인식하였다.

"'이렇게 하면은 문제가 해결될 것 같습니다. 어머니 한번 해 보세요. 이렇게 하면은, 다른 분들에 의하면 이렇게 됐으니까 어머니도 잘될 것 같아요. 한번 해 보세요.' 어려워도 한번 해 보는 데까지 같이 한번 해 보자고 말씀해 주셨거든요."

"선생님하고 같이 한팀이니까 항상 이렇게 작은 일이든 뭐든 간에 선생님한테 같이 의논해서 길을 찾는 거 ……(중략)…… 선생님 도움으로, 도움이라기보다는 선생님하고 같이 간다고 생각을 해요. ……(중략)…… 틀을 벗어나서 대화의 장을 열어서, 그다음부터는 사회복지사라고 생각을 안 해 봤어요. 안 하고 그냥 내가 살아가면서 내 인생에 그냥 같이 동참을 해 주는 사람, 내 친구 같고, 내 동기간 같고, 나하고 같이 살아가 주는 사람, 더 이상 표현은 없고 팀 역시도 그런 거, 다 거기에 다 있는 것 같아요."

(5) 존중: 사례관리자는 이용자를 인격적으로 대하고 의견을 존중함

어려운 상황에 부닥친 이용자의 입장을 배려해 조금이라도 상처를 주지 않게 조심하는 사례관리자의 태도에서 이용자는 사례관리자가 자신을 인격적인 존재로 존중하고 있다고 인식하였다.

"그러니까 전화를 거서 가지고 얘기를 그냥 '어머니, 우리 이렇게 김장하는데 김장 좀 갖다 드릴게요.' 이게 아니고, 이제 아, '어머니, 그래 김장은 몸이 그래서 어떻게 하셔요?' 이제 먼저 그렇게 물으시고 이제 '우리 복지관에서 김장을 담는데 어머니 좀 갖다 드릴까요?' 이렇게 물으시는 게. 그러니까 이제 상대를 굉장히 이게 존중해 주시는 게, 그런 게 말 속에 되게 많이 그런 게 포함이 됐더라고요. 그냥 뭐, 상처 받는지 안 받는지 생각 안 하고 그냥 '어머니, 갖다 드릴게요.' 이러면, 정말 어쩌면 그런 상황에서 몸도 그러니까, 마음도 힘드니까 상처를 받을지도 모르는데……."

"어떤 어느 곳에 가도 진짜 그냥 좀 무시되는 것 같은, 소외되는 것 같은 그런 느낌을 받았을 때, 그런 느낌을 받았는데……. 근데 여기 와서는 선생님들은 그런 느낌을 안 주고, 너무 한곳의 사람도 한 인간이고 한 사람이

다. 자기와 어떤, 한참 부족하고 그런 사람인데도, 똑같은 사람으로 대해 줬을 때, 그런 것들이 너무 그냥……. '선생님들이 하시는 일이 대단하지 않은가.' 그런 거를 생각했어요."

3) 강점관점 해결중심 실천방법

(1) 스스로 할 수 있게 도움: 사례관리자는 이용자가 스스로 변화를 만들어 나가게 도움으로써 자조능력을 키우는 데 이바지함

강점관점 해결중심 사례관리를 경험한 이용자는 대체로 또 다른 어려움에 부닥쳤을 때 스스로 극복해 나간다. 사례관리자는 이용자의 개별 능력에 맞춰 돕지만, 이용자 스스로 하는 것(self-help)이 가능하도록 직접 할 수 있는 일을 할 기회를 최대한 주고 기다린다. 그 결과 이용자는 문제를 해결하는 열쇠가 자신에게 있음을 인식하게 되었고, 그것을 깨닫게 해 준 사례관리자에게 고마워하였다.

"어떤 문제가 생겼다 그러면 내가 선생님한테 이제 '선생님, 지금 이런 문제가 생겼는데.' 하고 얘기를 하면 '그러세요.' 그러면서 예전 같으면 막 자료 뽑아다가 다 해 줬다면은 지금은 뭐 '어디 어디 이렇게 찾아보거나 찾아가거나 그러면은 거기에 또 뭐가 있을 거다'면서 그런 식으로 해 주시는 거죠. ……(중략)…… 언제까지 나를 진짜 밥을 떠먹여 줄 수는 없잖아요. 그러니까 그렇게 달라지는 것 같아요. 밥을 떠먹여 주는 게 아니고 이제는 어떻게 방법을 찾아갈 수 있게 ……(중략)…… 해 주겠지, 이런 안주하는 마음이 아니라 내가 찾아서 해야겠구나, 문제가 발생을 했어도 내가 찾아

서 해결을 해야겠구나, 이렇게 달라지는 거죠."

"당장 답을 기다리는 게 아니니까, 저도 한 번 더 생각해 보고, 신중히 생각해 보고……. 선생님은 항상 그 자리에서 '어떨까요? 지금 당장 얘기하세요.' 그게 아니고 '어머니, 이런 이런 일이 있는데 어머니 어떠세요? 생각해 보세요.' 하면 그다음 날 전화가 와요. '어제 저 얘기한 거 어떻게 생각하셨어요?' 항상 그러세요."

(2) 칭찬과 지지, 인정: 사례관리자가 이용자의 잘하는 모습, 열심히 사는 모습을 적극 지지하고 인정하며 칭찬함으로써 이용자는 자신감을 가지게 됨

이용자가 문제 해결을 위해 노력하고 있는 것을 사례관리자가 인정하고, 칭찬할 때 이용자는 자신이 능력과 힘이 있는 존재임을 알게 된다. 이용자는 사례관리자의 지지를 통해 스스로 하고 있는 노력에 자부심을 느끼며, 잘할 것이라는 자신감을 가지게 되었다.

"의지가 많이 생기죠. 자립하게 되고. 음, 힘든 거 있을 때 '그냥 잘 이런 일이 있어서 이러이러해서 잘 견뎠어요.'라고 얘기하면 또 '그래도 대단하시네요. 좋으시네요. 그래도 잘 살고 계시니까 좋네요.' ……(중략)…… 얘기해 주시면 또 이제 몰랐던 거를 내가 이제 알게 되죠. 모르죠. 나 스스로 '인정받고 있다.'라고 자칭 얘기하고 이런 건 아니잖아요. 그런 식으로 건너 듣게 되고, '아이, 아니에요.' 나는 또 머리를 숙이게 되고 그런 것들……."

"그냥 사람이 뭐, 칭찬받기 위한 칭찬이 아니라 그냥 선생님이 '아우, 힘드신데 그렇게 맨날 보면 밝게, 이렇게 생활해 주시는 게 너무 고맙다'고 그렇게 말해 주는 게, 저는 진짜 고마웠어요. 음, 선생님 항상 만나면 그래요. 저 만나면 기분 좋아지는 것 같다면서, 이렇게 얘기해 주니까 저도 기분 좋아지잖아요."

(3) 지속적인 관심과 접근성: 사례관리자는 이용자에게 늘 관심을 가지고, 도우려고 노력하며, 이용자가 필요한 곳으로 즉시 찾아온다. 무엇보다 사례관리자의 정서적 지지는 물질적으로 도와주는 것 이상으로 삶의 희망과 힘이 됨

이용자를 도우려고 기울이는 사례관리자의 관심은 이용자에게 언제, 어떤 상황에서도 자신이 도움을 요청하는 즉시 서비스를 받을 수 있다는 믿음을 가지게 하였다. 그러한 믿음은 이용자가 필요하면 즉시 찾아오는 사례관리자의 노력 때문에 가능하였다. 이러한 경험을 통해 이용자는 강점관점 해결중심 사례관리는 단순한 물질적 지원에 국한하지 않고 진정으로 이용자가 원하는 삶을 이루어 나가는 데 함께하는 서비스라고 인식하였다.

"열심히 살아야 되겠다는 생각이 들만큼 이렇게 아이들 안부도 가끔씩 물어봐 주시면 또 좋죠. 그래서 '어떤 게 이렇게 많이 도움이 되셨어요? 어떤 게 해결이 됐나요?' 그래서 '조금 이런 면에서 나아진 것 같아요.' 그러면 '다행이네요.'라고 얘기해 주시고, 그러면 그냥 말할 수 있는 친구를 얻은 것 같죠."

"물질적인 거는 솔직히 그 한 번의, 그 행복이나 물질은 한 번 그때만의 기쁨이잖아요. 근데 그렇다고 해서 그 한 번 물질적으로 도와준다고 해서 모든 게 다 해결되는 게 아니잖아요. 그때뿐이잖아요. 그런데 여성가장 희망센터는 물질적으로는 안 해 줘도, 마음적으로 편하게 일을 하나하나 진행해 나갈 수 있게, 뭐든지 해결을 볼 때까지 도와주시고……."

강점관점 해결중심 사례관리에 참여한 이용자의 이야기에서 나타난 이러한 결과는 기존의 선행연구에서 제시하는 강점관점 실천원리, 방법과 거의 같다(Weick, Rapp, Sullivan, & Kisthardt, 1989; Rapp, 2006; Saleebey, 2006). 이용자는 사례관리자의 태도와 행동을 다음과 같이 묘사하였다. 첫째, 자기 강점과 능력을 믿고 기다려 줬으며 칭찬하고 인정해 줘서 힘과 희망이 생겼다. 둘째, 자신이 나아질 수 있다고 믿고 스스로 할 기회를 주었다. 셋째, 자신이 원하는 것을 결정하게 하고, 결정한 의견을 존중하며, 직접 해 보게 도왔다. 넷째, 원하는 변화를 이루어 가는 과정에서 자신을 동반자로 인식하고 협력관계를 유지하였다. 다섯째, 원하면 언제나 자신이 있는 곳으로 찾아왔다. 여섯째, 자신만의 독특한 입장과 상황에 맞춰 함께 해결방법을 찾아 나갔다. 일곱째, 어떤 이야기를 해도 이해하고 경청해 줘서 믿고 편안하게 속마음을 털어놓을 수 있는 존재였다.

강점관점 실천원리와 방법은 종종 지나치게 순진하고 낙천적이며 심지어는 위험할 수 있다는 비판을 받는다(Saleebey, 1992; Weick et al., 1989). 그러나 이러한 연구결과는 강점관점 해결중심 사례관리를 제대로 실천하면 강점관점 실천원리를 성공적으로 실현할 수 있음을 보여 주고 있다. 그뿐 아니라 강점관점 해결중심 사례관리는 모든 원조 전문직 실천의 지침이 되는 가치와 철학, 즉 인간의 존엄성에 대한 존중, 인간의 강점과 능력에 대한 믿음, 이용자의 자기 결정권에 대한 존중 등을 자연스럽게 실현하고 있음을 보여 주고 있다.

부록

1. 김인수가 알려 주는 해결중심 접근에 관한 유용한 정보
2. 서식과 사용방법의 예

정원과 달리 자연에는 잡풀과 잡목이 따로 없습니다.

다 제각기 의미를 가지고 있는 구성원이죠.

정원 안에서는 각각의 생각과 가치관에 어울리지 않는 식물들은

뽑아내야 할 잡초에 불과하지만

더 넓은 자연에서는 그 어느 것도 잡풀, 잡목인 것은 없습니다.

제각각의 정원들이 자기들의 '진리'를 이야기합니다.

하지만 더 넓은 자연에서는 '틀렸다'가 아니라 '다르다'라는 것,

'틀린 존재'가 아니라 '다른 존재'라는 것을 인정받습니다.

한동일의 『라틴어 수업』 중에서

1. 김인수가 알려 주는 해결중심 접근에 관한 유용한 정보[1)]

1) 평범한 행동을 특별한 것으로 보는 능력 키우기

내 상담을 관찰하는 사람들은 내가 얼마나 많이 "와~(Wow)!"라고 감탄하는지 놀라곤 한다. 심지어 한 세션 동안 25번이나 이 말을 했다고 이야기해 준 사람도 있었다. 나는 사람들이 이러한 나의 행동에 관해 농담삼아 이야기해 줄 때까지 이를 전혀 의식하지 못했었다.

나는 이용자가 '이불을 머리끝까지 뒤집어쓰고 온종일 누워 있을' 지경에 이르렀음에도 '어떻게든 힘을 내어 털고 일어나야겠다'는 결정을 했다는 이야기를 들으면 놀라워 한다. 일어나기 힘든 상황에서 억지로 일어나는 것이 어떨지 상상해 보라. 우리는 대부분 '하룻밤 푹 잤으니 계속해서 누워 있을 이유가 없잖아.'라면서 별다른 생각 없이 일어나곤 한다. 특히 나처럼 일하기 좋아하고 무엇인가 해냈다는 느낌을 통해 기운을 얻는 사람은 몹시 아프지도 않은데 잠자리에 누워 있으려는 것을 상상조차 하기 어렵다.

그러나 하루를 시작하기도 전에 이미 실패할 것이라는 생각으로 하루를 맞이하는 것조차 두려운 사람은 살아가는 것 자체가 얼마나 힘들겠는가! 우리는 이들이 '노력해서 뭘 해.'라고 포기하리라고 쉽게 짐작할 수 있다. 그럼에도 어떤 어머니는 자녀를 위해 억지로라도 일어나서 아이들을

1) 이 내용은 김인수(Insoo Kim Berg)의 사후 문을 닫은 미국 BFTC 홈페이지에 등재된 자료를 독자를 위해 번역한 것이다.

보살핀다. 심지어 다른 사람은 상상도 하지 못할 만큼 비극적이고, 고통스러우며, 희망이 없는 상황에서도 생활을 지탱해 나간다.

대단한 일을 해낸 사람에게는 당연히 그 공을 인정해 주어야 한다. 아니 그보다 더 높이 평가해 주어야 한다. 우울하고 낙심해서 기진맥진한 어머니가 아이들을 보살펴야 한다는 생각으로 자녀를 위해 최대한 헌신하는 모습은 정말 놀랄 만큼 대단한 일이다. 그러니 우리가 이러한 모습을 보고 진심으로 "와~"라고 감탄하는 것도 결코 유별난 일이 아니다. 어느 누가 그 어머니에게 지금보다 더 많은 것을 요구할 수 있겠는가!

우리가 이렇게 진정 놀라워하고 경외하는 자세를 취한다면 이용자 역시 지금까지와는 달리 조금은 새로운 시각에서 자신이 해 온 평범한 노력이 진정 특별한 것일 수 있다고 생각하기 시작한다. 이를 위해 우리가 "와~"라고 하는 것은 그리 어려운 일이 아니다.

2) 믿는 대로 보인다

종종 이용자 중에는 정말로 희망이 없어 보이는 경우도 있다. 사람들은 내게 어떻게 그렇게 오래 믿고 기다릴 수 있는지, 같은 패턴으로 약물을 반복하거나 여러 세대에 걸쳐 신체적 학대가 이어지고, 만성정신질환과 같은 심각하고 절망적인 상황에 처한 이용자와 일할 때조차 어떻게 포기하지 않을 수 있느냐고 묻는다.

어떤 사람은 이런 내 스타일을 '불도그'에 비유하기도 한다. 나는 '불도그'의 험악한 이미지만 뺀다면, 이용자를 포기하지 않고 해결구축의 기초가 되는 강점과 자원, 예외를 발견하기까지 끝까지 버티는 끈기를 나타내는 이 비유를 꽤 자랑스럽게 생각한다.

사람들은 흔히 해결중심 접근의 기본 전제가 간단하므로 실천도 쉬울 것이라고 생각한다. 그러나 막상 해결중심 접근을 실천할 때, 이용자에게 희망이 없다고 포기하지 않기 위해 얼마나 큰 노력을 해야 하는지 알면 놀라워한다. 특히 이용자에게 문제를 해결할 능력과 자원이 있다고 믿지 않는 실천가는 더욱더 어려워할 것이다.

그럼 과연 뼈다귀를 앞에 둔 '불도그' 같은 끈기와 끝까지 버티는 능력은 어디에서 나오는 것일까? 그것은 이용자가 힘든 상황에서도 지금까지 살아왔다면, 분명히 지금보다 조금 더 앞으로 나아갈 방법도 알 것이라는 절대적인 믿음에서 나온다. 이용자 대다수는 자신에게 많은 능력이 있어도 그 사실을 믿지 않으므로 우리가 그 능력을 찾도록 오와주지 않으면 쉽게 낙담하고 만다.

우리는 이용자와 일할 때 그가 어떤 사람일 것이라고 믿거나 가정하기 쉽다. 불행히도 많은 실천가는 자신이 무엇을 믿는지 잘 모르는 것 같다. 우리는 사람에 대한 믿음 때문에 실천현장에서 일하게 되었고, 그 믿음은 우리가 이용자와 상호작용할 때 다양한 형태로, 때로는 미처 알아차리지 못하는 중에도 많은 영향을 미치고 있다.

우리는 어떤 것에 확신을 가지고 일할 때 곳곳에서 그 증거를 보려고 하고, 그래서 더욱더 그것을 믿게 되며, 다시 그 증거를 더 많이 찾아내는 과정을 반복한다.

3) "그래야 하는 좋은 이유"

우리가 어떤 일에 종사하든지 사람과 일할 때 주로 사용하는 도구는 언어다. 그러므로 필요할 때 쉽게 사용할 수 있는 단순하고 효과적인 방법이 중요하다. 다음에 소개하는 것은 이미 잘 알려진 해결중심 접근의 질문 외에 매우 효과적이고 유용한 방법이다.

> "당신이 ~할 때는 그래야 하는 좋은 이유가 있을 텐데……(You must have a good reason to~)."

아무리 좋은 의도라 하더라도 이용자를 훈계하거나 교육하고 싶은 충동을 느끼면, 평소처럼 설교조로 말하려는 것을 급히 멈추고 "당신이 (술을 마셔야 하는/울화통을 터뜨려야 하는/아이의 뺨을 때려야 하는/죽어야겠다고 하는) 좋은 이유가 있을 텐데……."라고 이야기한다.

개인적인 경험에 의하면, 영리하고 명민한 이용자는 즉시 그 의미를 알고는 웃음을 터트리거나 "꼭 그렇지는 않지만, 술을 많이 마시긴 하죠." 라는 식으로 대답하고 자신의 상황이 달라지려면 무엇을 해야 하는지 이야기하곤 한다. 이럴 때 우리는 "그러려면 먼저 무엇을 해야 하나요?"라고 물어보면서 이용자의 이야기를 따라가면 되므로 일하기가 매우 쉬워진다.

그러나 자신이 무엇을 해야만 하는지 '설교'를 많이 들어 온 이용자는 자동적으로 '좋은 이유'(또는 '변명'이라고 부르는 것)를 나열하면서 자기 입장을 변호하기 시작한다. 이때 우리는 이러한 이야기에 주의 깊게 경청하면서, 다른 '좋은 이유'를 계속해서 물어봐야 한다. 이용자 대부분은 5~6개 정도 '좋은 이유'를 더 말하고 난 다음에 같은 이야기를 반복하기 시작한다. 우리가 인내심을 갖고 기다리면서 더 많은 '좋은 이유'를 이야기하게 하면 이용자는 결국 자신을 질책하거나, 설득해서 자신에게 변화하라고 강요하지 않을 거라는 것을 알게 된다. 그리고 이용자 대부분은 결국 "사실은 제가 너무 술을 많이 마시죠."라는 식으로 이야기한다. 일단 이용자가 여기까지 이르면 해결방법으로 어떻게 하는 것이 적절할지 함께 이야기할 수 있다.

"당신이 ~할 때는 그래야 하는 좋은 이유가 있을 텐데……."라는 질문의 이면에 깔린 전제는 문제를 해결하려면 먼저 문제의 원인을 파악해야 한다는 일반적인 생각에서 완전히 벗어난 것이다. 이 질문은 "당신은 여러 가지 사안을 잘 생각하고 정리할 능력이 있는 분별 있는 사람으로 보입니다. 따라서 당신이 하는 행동 이면에는 어떤 이유가 있을텐데, 제가 미처 생각하지 못했던 그 이유를 알고 싶습니다."라는 메시지를 내포하고 있다. 실천가는 문제가 무엇이든 간에 '알고 싶어 하는(not knowing)' 자세를 취하는 동시에 반드시 자신이 질문한 것과 일관된 태도로 이용자의 대답을 기다려야 한다.

이렇게 할 때, 이용자는 진정으로 그 도전에 응하게 되고, 질문을 더 깊이 생각하게 된다. 이 질문은 소위 '문제를 부인하는' 이용자 때문에 겪는 좌절감이나 소진에 대한 좋은 대응방법이 될 수 있다.

사례

예전에 위탁보호나 그룹홈, 중간 주거 가정과 같은 청소년 주거 기관에서 생활하는 청소년 이용자들이 기관에서 독립해 생활하도록 돕는 프로그램을 자문한 적이 있다. 이 프로그램은 청소년이 17세가 되면 경제적으로 자립하고 돈을 잘 관리할 능력을 키우도록 돕는 것이 목표였다. 이 프로그램에 참여하는 청소년은 주로 초보 수준의 직장을 찾고 유지하는 기술을 배워야 했다. 한 사회복지사는 트래비스(Travis)라는 17세 청소년을 만나면서 진이 빠져 있었다. 트래비스는 어디서 직장을 구할 수 있는지 잘 알았고, 계속 구직 신청을 약속하였다. 처음에 이 사회복지사는 크게 고무되어 매주 많은 구직 신청서를 제출했다고 보고한 것을 기대하면서 트래비스를 열심히 지지하였다. 하지만 트래비스는 매주 거의 대문 밖까지는 나갔지만, 직업소개소나 패스트푸드점까지는 가지 못한 이야기만 늘어놓았다.

트래비스가 그럴 수밖에 없었던 이유(변명)는 수없이 많았다. 하지만 사회복지사는 그가 직장을 구하려고 밖에 나간 적이 한 번도 없었다는 것이 분명했으므로 매우 실망하고 있었다. 트래비스는 글을 읽고 쓸 줄 알았지만, 늘 돈이 없어 CD를 살 수 없다고 불평했으며, 명품 신발이나 옷을 구경하거나 영화를 보러 가는 것을 좋아했지만 돈이 없어서 항상 시무룩했다.

나는 사회복지사에게 "선생님이 트래비스에게 '네가 구직 신청을 하지 않는 매우 좋은 이유가 있을 것 같은데, 그래야 하는 좋은 이유가 무엇인지 궁금한데…….'라고 물어보면 트래비스는 뭐라고 할까요?"라고 물어보았다. 그는 그런 질문을 해야겠다는 생각을 해 본 적이 없다고 말했다. 그리고 이제는 트래비스와 무엇을 어떻게 해야 하는지 더 생각나는 것이 없으니 그 질문을 해 보는 것이 좋을 것 같다고 하였다.

나는 그날 나누었던 이야기를 잊어버렸지만, 다음 회의에서 사회복지사는 큰 미소를 지으면서 나와 팀원에게 트래비스의 최근 소식을 알려 주었다. 사회복지사가 트래비스와 만나 "트래비스, 난 이제까지 네게 직장을 구하라고 너무 강요한 것 같구나. 생각해 보면 네가 지금까지 직장을 구하지 않았을 때는 그럴 만한 좋은 이유가 있었을 텐데, 지금까지는 물어볼 생각도 못했네. 그래야 하는 좋은 이유가 무엇인지 이야기해 주겠니?" 그가 이렇게 이야기하자마자 트래비스는 즉시 "사실은 아니에요. 직장을 구하지 않은 좋은 이유는 하나도 없어요. 그저 게으르기 때문이에요." 사회복지사는 예상치 않았던 대답에 깜짝 놀랐지만 지혜롭게 그것에 관해 더는 이야기하지 않았다. 아니나 다를까 2주 후 트래비스는 햄버거를 굽는 일을 시작하였다.

우리가 슈퍼바이지, 직원, 이용자, 심지어는 우리 자녀나 배우자와 대화할 때 그들을 존중하고, 그들의 역량을 강화하면서 부드럽게 자기 행동에 책임을 지도록 하는 자세를 취하면, 그들이 방어적인 행동으로 품위를 잃지 않도록 도울 수 있다. 이러한 접근은 서로 탓하고 방어해야 하는 불쾌하고 비생산적인 상호작용이 반복되는 다른 문제를 해결하는 데도 효과적이다.

---

4) 해결중심 접근으로 아동과 일하기

난 종종 훈련, 자문이나 슈퍼비전 상담에서 "해결중심 접근에서는 아동과 어떻게 일하나요?"라는 질문을 받는다. 아동과 일할 때 해결중심 접근을 어떻게 적용할 수 있는지 궁금해하는 것은 당연한 일이다. 해결중심 접근은 언어 사용이 중요하고, 변화를 만들 때 섬세한 언어를 기본적인 도구로 사용한다. 그런데 아동은 언어를 사용하고 개념화하는 능력이 성인보다 부족한 경우가 많기 때문에 '이야기하는 것'만으로는 상호작용에 제한이 있다. 그러나 아동이 자신의 세상을 이해하고 생각하는 방법과 해결중심 접근의 가정이나 절차는 여러모로 비슷해서 아동과 일할 때도 조화롭게 적용할 수 있다.

예를 들어, 나는 아직 한 번도 자신이 당면한 문제의 원인이 무엇인지 알고 싶어 하는 아동을 만나본 적이 없다. 아동은 연역적인 방식으로 생각하지도 않을뿐더러 문제의 원인에 대한 설명에도 관심을 두지 않는다. 해결중심 접근이 다양한 경험과 실험을 통해 개발된 것처럼, 아동도 대체로 시행착오를 통해 문제를 해결한다. 즉, 문제를 해결하는 데 도움이 되는 것과 도움이 되지 않는 해결방법을 귀납적인 방식으로 발견한다.

따라서 아동과 일할 때도 우리는 성인과 일할 때처럼, '알고 싶어 하는' 자세를 취해야 한다. 아동의 자연스러운 행동방식을 깊이 존중하고, 그 방식에 맞추어 해결방법을 찾아야 한다. 놀이는 모든 아동에게 매우 자연스러운 것이다. 놀이를 통해 아동은 세상을 이해하는 방법을 배운다. 아동은 무엇이 잘못되었고, 어떻게 하면 잘할 수 있는지 길게 말하지 않고 그냥 행동한다. 아동은 놀이에서 자신이 무엇을 잘하는지, 어떤 능력이 있는지, 해결방법을 찾기 위해 호기심을 어떻게 활용하는지 보여 준다. 또한 아동은 놀이를 통해 의사소통한다. 따라서 아동과 일할 때는 놀이를 통해 의사소통할 수 있어야 한다. 이는 아동은 자신의 삶이 조금 더 나아지려면 무엇이 필요한지 놀이를 통해 말하므로, 그것을 세심히 관찰하고 경청해야 한다는 것을 의미한다.

전통적인 놀이치료에서는 놀이와 그림 그리기, 이야기하기, 게임 등이 치료과정의 일부이므로 놀이를 아동을 진단하고, 내면을 드러내도록 하고, 퇴행을 촉진하는 데 사용한다. 반면, 해결중심 접근에서는 아동의 놀이에 함께 참여하는 것을 아동과 의사소통하고, 아동에게 도움이 되는 것이 무엇인지를 실험하는 방법으로 생각다.

다음은 스위스 취리히 근교에 사는 나의 동료이자 소아정신과 의사인 테레즈 스타이너(Therese Steiner)의 사례다.

사례

치료를 받으러 온 7세 남자아이인 윌프레드(Wilfred)는 의사를 만나는 새로운 경험을 무척 두려워했다. 윌프레드는 이 경험이 너무 두려워 울음을 터트리고 사무실에 들어오는 것을 거부하였다. 윌프레드의 어머니는 아이를 안심시키려고 달래 보았지만 윌프레드는 아랑곳하지 않았다. 이를 알아차린 테레즈는 빨간색 풍선을 불어 윌프레드에게 주었다. 아이는 예기치 않은 이러한 행동에 무척 놀라면서 풍선에 깊은 관심을 보였다. 테레즈는 아이에게 터지기 직전까지 바람을 불어 넣은 풍선은 새로운 의사를 만나러 오면 무슨 일이 일어날지 아무것도 몰라 가장 두려울 때를 나타낸다고 하였다. 그리고 윌프레드에게 아직은 무섭겠지만, 방에 있을 수 있고 의사에게 이야기할 수 있다고 생각하는 만큼 풍선의 바람을 천천히 빼라고 부탁하였다. 윌프레드는 풍선의 공기가 반 정도 남아 있을 때까지 천천히 바람을 빼고 난 후 의사에게 되돌려 주면서 "이제 이야기할 수 있어요."라고 하였다. 그리고 테레즈 사무실에 있는 장난감을 하나씩 둘러보기 시작했다. 아이는 곧 어머니는 잊고 치료자에 완전히 몰두하였다.

전통적인 접근은 치료자와 아동의 관계를 가장 중요시하고 부모를 거의 배제한 상태에서 치료를 진행한다. 반면, 해결중심 접근은 아동의 삶에서 부모와의 관계가 가장 중요하다고 보고 아동의 치료에서 부모와 파트너가 된다. 그래서 종종 부모에게 치료세션에 함께 있기를 권유하고, 그렇지 않을 때는 어떻게 진행되었는지 요약해서 알려 준다.

이야기하기, 그림책 읽기, 그림 그리기, 만화 만들기 등 모든 것은 아동이 잘할 수 있는 것과 아동의 능력을 높이는 데 초점을 맞춰 진행한다. 아동과 일할 때는 아동에게 많은 영향을 미치는 교사와 간호사, 사회복지사, 기타 건강 관련 전문가 등 다른 전문가와 협력하는 능력이 더 필요하다. 또한 성인과 일할 때와 마찬가지로 치료의 초점은 치료자와 아동의 관계가 아니라 아동의 사회 환경에서 이루어지는 실제 생활에 맞추어져야 한다. 아동과 일하는 것은 성인과 일할 때보다 시간이 조금 더 오래 걸리긴 하지만 전통적인 치료와 비교하면 여전히 단기간 내에 이루어진다.

우리는 아동과 일할 때 아동을 가장 존중하는 방법은 아동이 자신에게 어떤 일이 일어날지 통제할 수 있다고 느끼고, 실제로 선택하도록 돕는 것이라고 생각한다.

5) 애도와 관련된 이슈 다루기

많은 학생과 해결중심 접근을 시작한지 얼마 되지 않은 사람은 해결중심 접근이 애도의 이슈를 어떻게 다룰 수 있을지에 우려한다. 해결중심 접근에서는 이용자가 경험한 마음의 상처나 정신적 외상(trauma)을 되돌아보는 것보다는 미래를 구체화하는 것을 강조하므로 이렇게 우려하는 것이 충분히 이해된다. 많은 사람은 해결중심 접근에서 이용자가 사랑하는 사람을 잃은 후 심각한 고통을 겪을 때, 애도와 관련된 이슈를 중요하게 여기지 않거나 의도적으로 무시한다고 생각하는 것 같다. 다음 사례에서 볼 수 있듯이 이용자가 깊은 상실감과 애도를 표현하는 방법은 매우 다양하다. 사람들이 상실로 인한 고통을 경험하는 방법과 상실에 대처하는 방법은 각자 다르다.

다음 사례는 해결중심 접근에서 애도와 관련된 이슈를 어떻게 다루는지를 잘 보여 준다.

사례

50대 초반의 흑인 여성인 매릴리(Marilee)는 오른손에 지팡이를 들고 있었다. 그녀는 마치 대기실에서 상담실까지 걸어온 것이 이 세상에서 가장 어려운 것처럼 보이는 경직된 자세로 앉아 있었다. 그녀와 악수를 했을 때 그녀의 손에 못이 박혀 있는 것처럼 느껴져서 지금까지 얼마나 힘겹게 살아왔는지 알 수 있었다. 그녀는 실제보다 더 나이가 들어 보였다. 특히 경직된 자세, 무표정한 얼굴, 시선을 피하는 행동 등은 그녀의 나이가 더 들어 보이게 만들었다. 그녀는 자리에 앉아서도 처음 만난 나에 대한 호기심은커녕 무표정한 얼굴이었다. 나를 만나기 전에 매릴리는 다른 치료자와도 상담을 네 차례 진행했는데, 그때마다 "아무런 변화가 없다."라고 말할 뿐, 별다른 진전을 보이지 않았다. 결국, 치료자는 매릴리에게 나와 만나볼 것을 제안했다. 그 치료자는 매릴리가 아무런 변화 없이 죽은 아들, 단테(Dante)의 방문에 관한 불평을 계속하여 내게 도움을 요청한 것이다.

나는 매릴리에게 그녀가 처한 상황에 관해 거의 아는 바가 없어 내가 이미 알고 있어야 한다고 생각할 만한 것을 질문할 가능성이 높으니 이해해 달라고 부탁했다. 그녀는 동의하는 뜻으로 머리를 끄덕였다.

지금까지 치료자와 만난 것이 어떻게 도움이 되었는지 묻자 그녀는 "아무것도 달라진 것이 없어요."라고 대답하였다. "치료자를 만나기 시작한 지 얼마나 되셨나요?" "추수감사절 즈음에 시작했는데 아직도 달라진 것이 없어요."라고 대답하고는 고개를 숙인 채 아무런 이야기도 하지 않았다. 그래서 그녀에게 "아들이 방문하곤 한다고 들었는데……."라고 묻자, 모기만한 목소리로 떠듬거리며 아들이 가 버렸으면 좋겠는데 자꾸 찾아와서 무섭다고 하였다.

"그러면 아들이 방문할 때 어떻게 하시나요?"

"그 애가 하는 이야기를 듣고 싶지 않아 텔레비전과 전축의 소리를 크게 키워요."

"아들이 뭐라고 하나요?"

"무서워서 잘 모르겠어요."

나는 그녀에게 커피가 식기 전에 마시라고 권했지만, 그녀는 꼼짝도 안 하고 허공만 쳐다보며 아무 말도 하지 않았다.

단테에 대한 이야기를 할 때마다 매릴리가 울어서 매번 화장지를 건네주어야 했다. 아주 작은 목소리로 짧게 이야기했으므로 말이 잘 들리지 않았다. 그래서 난 그녀에게 조금씩 더 가까이 가기 위해 의자를 끌어당겨서 상담이 끝날 무렵에는 우리 두 사람의 무릎이 거의 닿을 듯이 가까워졌다. 그런데도 그녀는 굳이 뒤로 물러나지 않았는데, 나는 그것을 좋은 신호로 보았다. 아들이 어떻게 오고 가는지 묻자 "시도 때도 없이 오고, 어떤 때는 온종일 집 안에서 어슬렁거려요." 그리고 "내 침대 끝에 서서는 (그녀가 이해할 수 없는 말을) 뭐라고 이야기하곤 해요."라고 하였다. 아들에 관해서 이야기하면 할수록 더 많은 눈물을 흘렸고 이야기하는 도중에 아들이 방문하는 것이 무섭고 제발 가 버렸으면 좋겠다고 이야기했다.

나는 아들이 틀림없이 천당에 갔을 것이고, 그녀에게 오는 것은 어머니가 걱정되어서 두고 떠나는 것을 힘들어하기 때문인 것 같다고 하였다. 매릴리는 눈물을 흘리면서 "우리는 아주 친했어요."라고 두 번 정도 말하였다. 혼자 살고 있는지 묻자 이제 하나밖에 없는 고등학생 딸아이와 살고 있다고 대답하였다. 단테가 여동생에게도 찾아오느냐고 묻자 아니라고 하면서, 여자친구에게는 찾아갔지만 매릴리는 이제 그 친구와 연락하지 않는다고 하였다.

내가 지금도 아들의 방을 같이 살 때처럼 그대로 놔두었냐고 묻자 매릴리는 그렇다고 대답했다. 아들의 방은 그가 떠났을 때 그대로 아무것도 건드리지 않은 채였고, 그 방은 지금까지 아무도 사용하지 않는다고 하였다. 그녀는 아들이 캘리포니아에 있는 대학에서 공부하던 중 자동차 사고로 죽었다고 이야기하였다. 다시 흐느끼기 시작하자 결국 매릴리의 얼굴은 눈물로 범벅이 되었다. 아들이 무척 영리한 청년이었겠다고 내가 이야기하자 그녀는 더 슬프게 울었다. 다시 그녀가 이야기를 시작했다. 아들의 방은 바로 자기 방 맞은편에 있었고, 아들이 살아 있었을 때는 오랜 시간 함께 이야기할 때도 있었다고 했다. 그리고는 계속해서 흐느끼면서 아들에게 작별 인사를 할 기회가 없었고, 하고 싶은 이야기가 무척 많다고 했다.

나는 그녀에게 교회에 다니느냐고 물었다. 이전에는 침례교회에 다녔지만 지금은 아무와도 연락하지 않는다고 하면서, 다시 교회에 나가야 한다고 조용히 덧붙여 말했다. 나는 그녀가 아들의 방문에 대해 잘못 생각하고 있는 것이 아닐까 의아해하면서 "혹시 아들이 어머니를 겁주려는 것이 아니라 걱정이 되어서 방문하는 것은 아닐까요?"라고 말했다. 그러자 그녀는 면담을 시작한 후 처음으로 나를 똑바로 바라보면서 이런 일을 해결할 수 있는 누군가가 없는지 물었다. 나는 그녀에게 "아마 아들의 방문과 관련해 무언가를 할 수 있을 겁니다."라고 말했다. 그녀는 활기를 띠면서 아들이 찾아오는 것을 멈출 수 있는 방법이 있는지 물었고, 나는 있을 거라고 대답했다. 그리고 팀원과 생각을 정리하고 의논하기 위한 휴식 시간을 갖고 5분 후에 다시 돌아오겠다고 했다.

내가 자문을 위한 휴식 시간을 마치고 돌아왔을 때 그녀는 전보다 침착한 모습으로 이미 미지근해진 커피를 마시고 있었다. 내가 그녀의 손을 잡고 곱게 가꾼 손톱을 이리저리 보고 감탄하면서 누가 손톱을 다듬었는지 묻자, 사촌이 해 주었다고 했다. 난 그녀를 보살펴 주는 가족이 있는 것 같아 조금 안심이 되었다. 우리는 손톱을 곱게 유지하는 방법에 관해 1~2분 정도 이야기를 나누었다. 나는 그녀가 자신의 손을 꽤 오랫동안 잡은 채 있는 것은 좋은 징조라고 생각했다. 다음은 내가 팀을 대신해 그녀에게 전한 메시지였다.

메시지: 매릴리, 저희는 아무래도 당신이 아들을 오해한 것 같다는 인상을 받았어요. 그리고 단테는 무척 훌륭하고 멋진 청년이었고, 저희는 그가 분명히 천당에 갔다고 생각합니다. 그런데 아들이 엄마에게 작별 인사를 하지 못했다는 것을 알았습니다. 그래서 저희는 당신이 혹시 아들이 찾아오는 것을 오해하고 있는 것은 아닐까 하는 이야기를 나누었습니다. 단테는 엄마 걱정을 많이 하겠죠. 그런 아들을 안심시키기 위해 당신이 할 수 있는 일이 있어요. 단테가 당신을 찾아올 때마다 아들의 방으로 가면서 따라오라고 하세요. 그리고는 아들의 방에서 이야기하세요. 아들에게 잘 가라고 인사하거나, 아들이 얼마나 보고 싶은지 등 아들에게 하고 싶었지만 하지 못했던 이야기를 많이 하세요(그녀가 다시 흐느낀다). 아마 단테가 엄마에게 하고 싶은 이야기도 들어야 할 거예요. 아들에게 하고 싶은 이야기를 다 하고 나면 단테에게 더는 엄마를 걱정하지 않아도 된다고, 그리고 이제는 오지 않아도 된다고 이야기하는 겁니다. 아마 단테는 앞으로도 엄마를 많이 방문할지도 몰라요. 다시 아들이 찾아올 때는 아들 방에서 이야기를 나누고, 아들이 천당으로 돌아갈 때까지 그렇게 하시기 바랍니다." 그녀는 울음을 그치고 그렇게 하겠다고 했다.

내가 다음에는 언제 만났으면 좋겠냐고 묻자 그녀는 안정된 목소리로 "2주 후요."라고 대답했다.

토의: 전통적인 치료자는 대부분 이 이용자를 환각과 환청 증상을 보이는 심각한 문제가 있는 사람으로 진단했으리라고 쉽게 상상할 수 있다. 이러한 관점에서 생각하면 전문가가 주도하는 진단과 치료과정을 시작하면서, 문제와 해결방법에 대한 이용자의 의견은 뒤로 밀려나고 이용자의 관심사나 현실은 등한시된다. 일단 매릴리가 그 누구도 아들의 방문이 실제로 일어난다

는 것을 이해하지 못한다고 여기면 사람들로부터 고립되어 지낼 가능성이 커지고 증상은 더욱 악화한다. 만약 약을 복용하고 있다면(나중에 안 일이지만, 실제로 약을 복용하고 있었다.) 그것을 포함해 의사가 치료를 위해 처방한 그 어떤 것에도 따를 의지가 약해질 것이다. 아들의 방문이 상상 속에서만 일어난다는 것을 설득하려는 노력은 그녀의 신뢰를 얻는 데 전혀 도움이 되지 않는다.

해결중심 접근에서는 매릴리와 같은 이용자와 만나서 진행하는 상담도 다른 문제를 호소하는 이용자의 경우와 별반 다르지 않다. 즉, 각 이용자가 호소하는 문제의 내용은 다르지만 경청하는 과정은 같다. 우리는 이용자의 '준거 틀(frame of reference)'을 나타내는 단서와 문제에 관한 이용자의 생각을 알아내기 위해 주의 깊게 경청하고 그가 원하는 결과를 존중한다. 매릴리는 아들이 찾아오는 것을 두려워했으므로 우리는 그것을 그대로 수용하였고 그러한 생각을 토대로 작업했다.

2주 후, 두 번째 상담에서 매릴리는 예전과 같은 모습으로 정시에 도착하였다. 아들은 그동안 세 번 더 방문했는데, 예전과 비교해 별다른 변화가 없었다. 그녀는 아들 방에서만 아들과 이야기하라는 제안이 너무 무서워서 따르지 않았다. 따라서 나는 그 제안이 적절하지 않았다고 보고 아들이 찾아오는 의미를 변화하는 데 초점을 맞추었다. 그래서 우리는 아들이 그녀에게 무슨 말을 하기 위해 찾아오는지에 대해, 즉 아들도 어머니에게 작별 인사를 하고 싶어 한다는 것과 그녀가 행복하기를 원하고 있다는 것, 그녀를 보고 싶어 한다는 것에 관해 계속 이야기하였다. 단테의 이름을 언급할 때마다 매릴리는 심하게 흐느끼면서 두 사람의 관계가 어떠했는지 조금씩 이야기하였다. 그녀는 단테가 자신이 가장 마음에 들어 한 매우 유망하고도 사랑스러운 아이였으며 작별 인사를 할 수 있었으면 얼마나 좋았을까 생각한다고 했다. 그녀는 어떠한 형용사도 없이 단지 두세 개 단어로 된 문장만을 사용해 사실적인 정보만을 이야기하였다.

두 번째 상담에서 나는 그녀의 가족에게 이야기하는 것이 도움이 될 수 있을까 해서 상담하러 올 때 누가 차를 운전하는지 물었다. 나는 누군가가 그녀를 데려다주고 상담이 끝나면 다시 데리러 올 것으로 생각했었다. 그러나 그녀는 "직접 운전해서 오죠."라고 대답하였다. 나는 놀라서 나자빠질 뻔했다. 그녀는 지팡이를 짚고도 겨우 걸어 다니는 힘든 몸으로 직접 차를 운전하고 온 것이었다. 이는 미처 상상도 할 수 없는 일이었고, 그녀의 능력에 관해 더 많은 정보를 얻는 계기가 되었다.

두 번째 상담에서 나는 "10은 단테의 방문을 잘 견딜 수 있는 것이고 1은 전혀 견딜 수 없는 것이라면, 지금은 1과 10 사이에 어디인가요?"라고 척도 질문을 하였다. 그녀는 4라고 답하였다. "'그래도 이 정도는 살만하다.'가 되었을 때는 어디인가요?"라고 묻자 6이라고 하였다. 따라서 우리 목표는 10이 아니라 6에 도달하는 것이었다. 우리가 이야기를 나누지는 않았지만 매릴리는 단테의 방문이 끝나지 않을 것임을 알고 있었다. 그녀가 원하는 것은 아들이 찾아오는 것을 무서워하지 않는 것이었다. 그녀는 여전히 아들에 관해서 이야기할 때마다 눈물을 흘렸다. 내가 한 것은 주로 아들이 긍정적인 동기로 방문한다는 것에 안심하게 하고(엄마에게 작별 인사를 하고 싶고, 엄마를 보고 싶어 한다는 것 등), 엄마가 스스로를 잘 보살피면서 편안하게 지내는지 확인하러 온다는 것을 아들의 입을 빌려 전달하는 것이었다. 그녀는 아들이 찾아오는 의미를 이야기할 때마다 흐느껴 울었다.

그 이후 매릴리는 4번 더 상담을 왔고, 결국 6에 도달하여 더 올 필요가 없다고 이야기하며 상담을 종결하였다.

토의: 매릴리는 한 번도 자신의 슬픔이나 애도하는 마음을 말로 표현한 적이 없다. 그러나 그녀의 행동은 그 어느 말보다 더 분명하게 보여 주었다. 우리는 어떤 다른 문제와 마찬가지로, 애도와 관련된 이슈를 다룰 때도 한 가지 옳은 방법만 있는 것이 아니라 다양한 방법이 있다고 생각한다. 우리가 좀 더 잘 지내고 있을 때에 관해 질문하지 않았다면 그녀의 능력을 알기 힘들었을 것이다. 쉽게 '정신이상'으로 진단받았을 그녀는 신체적인 한계에도 아주 잘하는 것이 있었다. 그녀에게는 10대 딸아이가 있는데, 공부를 잘한다고 하였다. 반드시 감정을 토로하고 많은 이야기를 하는 것만이 이용자가 상실감을 '처리하게(work through)' 돕는 것은 아니다. 사람들이 저마다 삶에서 일어나는 일을 수용하고 대처하는 방법은 매우 다양하다.

2. 서식과 사용방법의 예

다음에서 제시하는 서식은 그동안 강점관점 해결중심 사례관리를 실천한 실무자의 의견과 현장적용 경험을 통해 만들어진 것으로 각 사업의 특성에 따라 수정하여 사용할 수 있다.

1) 접수기록 일지

접수기록 일지는 기관에 찾아오는 모든 사례를 한눈에 볼 수 있게 하려고 마련한 것이다. '(1) 구분'에 있는 내용을 바탕으로 '(2) 접수 내용'을 기록한다.

〈접수기록 일지〉

(1) 구분

경로		방법		문제현황				서비스	
1	이용자 직접 요청	1	전화	1	취업	7	주거	1	정보 제공
2	사례관리자 직접 발굴	2	내관	2	창업	8	배우자	2	단기면담
3	기관 내에서 의뢰	3	가정방문	3	생활고	9	자녀	3	지역사회 연결
4	타 기관에서 의뢰			4	세금	10	정서	4	관리사례 연결
5	다른 이용자 소개			5	신용 불량	11	건강		
6	기타			6	법률	12	기타		

※ 각 분류항목(경로, 방법, 문제현황과 서비스)에 포함할 구체적인 내용은 사업과 지역 특성 등에 따라 기관에서 협의해 구성한다. 예를 들어, 주로 아동과 가족을 중심으로 사례관리를 하는 팀이나 기관의 경우 '문제현황'을 '학습, 친구관계, 정서, 건강, 가족 갈등, 학교 부적응' 등으로 구분할 수 있다.

(2) 접수 내용

접수일	이용자명	경로	방법	문제현황	서비스구분	내용	담당자
	사례 1	6	3	9	4		가나다
	사례 2	4			4		
총계							

※ 각 사례의 접수 내용을 '1) 구분'의 '경로, 방법, 문제현황, 서비스'에서 해당 내용을 찾아 번호를 적는다.

※ '문제현황'에는 사례관리자가 문제라고 보는 것이 아니라 이용자나 의뢰자가 처음 문제라고 이야기하는 것을 찾아 해당 번호를 적는다.

※ 접수 내용의 '내용'란에는 접수 시 면접 내용을 기록한다. 구체적으로 이용자가 원하는 변화와 강점, 예외, 지내는 정도 등에 관한 내용과 척도질문 점수 등을 적되, 이용자와 만나서 있었던 세세한 부분까지는 적을 필요는 없다.

※ '총계'는 월별, 분기별, 연 실적을 낼 때 사용한다.

2) 사례현황 기록지[2]

사례현황 기록지는 사례관리 사례에 관한 정보를 한눈에 볼 수 있게 하려고 마련한 것이다. 이 기록지는 사례관리를 진행하면서 알게 되는 정보를 그때그때 추가로 기입하면 된다.

〈사례현황 기록지〉

<table>
<tr><td colspan="2">사례번호</td><td colspan="3"></td><td colspan="2">사례관리자</td><td colspan="2"></td></tr>
<tr><td colspan="2">접 수 일</td><td colspan="3"></td><td colspan="2">종 결 일</td><td colspan="2"></td></tr>
<tr><td colspan="2">성 명</td><td colspan="3"></td><td colspan="2">나 이</td><td colspan="2"></td></tr>
<tr><td colspan="2">주 소</td><td colspan="7"></td></tr>
<tr><td colspan="2">세대유형</td><td colspan="7"></td></tr>
<tr><td rowspan="6">가족
관계</td><td>관계</td><td>성명</td><td>나이</td><td>직업</td><td>학력</td><td>장애/
질병</td><td>동거
여부</td><td>비고</td></tr>
<tr><td></td><td></td><td></td><td></td><td></td><td></td><td></td><td></td></tr>
<tr><td></td><td></td><td></td><td></td><td></td><td></td><td></td><td></td></tr>
<tr><td></td><td></td><td></td><td></td><td></td><td></td><td></td><td></td></tr>
<tr><td></td><td></td><td></td><td></td><td></td><td></td><td></td><td></td></tr>
<tr><td></td><td></td><td></td><td></td><td></td><td></td><td></td><td></td></tr>
</table>

2) 안산 본오종합사회복지관에서 사용하는 사례현황 기록지를 일부 수정 · 보완하였다.

이용자가 원하는 변화		
구분	개입 시	종결 시
*주거 상황		
*경제 상황		
*건강 상태		
가계도와 생태도		
강점과 성공 경험		
활용 자원		
지내는 정도 (척도점수)		

* 표시한 내용은 기관 이용자의 특성에 따라 필요한 내용으로 수정해서 사용한다.

3) 사례관리 진행일지

〈사례관리 진행일지〉

파일번호		이용자		사례관리자	

(1) 구분

만난 사람		방법		내용		소요 시간	
1	이용자	1	전화	1	면접	1	30분 이내
2	가족원	2	내관	2	내부 자원	2	1시간 이내
3	관련자	3	방문	3	외부 자원(민간)	3	1시간 30분 이내
4	기관전문가	4	기타(구체적인 내용 서술)	4	외부 자원(공공)	4	2시간 이내
				5	기타(구체적인 내용 서술)	5	2시간 이상

※ 만난 사람 중 관련자는 이웃, 친구, 친척 등을 포함한다.
※ 방법의 기타는 이메일, 우편, 팩스 등을 포함한다.
※ 내용의 기타는 이용자와 약속하고 방문했지만 만나지 못한 경우 등을 포함한다.

(2) 진행 내용

일시	대상	방법	내용	소요 시간	진행 내용	비고
총계						

※ 대상/방법/내용에는 '1)의 구분'에서 제시한 분류번호를 기록한다. 예를 들어, 이용자를 가정 방문해서 상담을 1시간 했다면 1/3/1/2로 기록한다.

※ 진행 내용은 이용자의 변화를 중심으로 기록한다. 사례관리자가 판단한 내용은 적지 않는다.

※ 비고란에는 자원을 연계한 기관명 등 반드시 기록으로 남겨야 하는 특이 사항을 기록한다.

4) 종결보고서

〈종결보고서〉

종결 시점까지 제공한 서비스		종결 시점 변화 내용	달성 정도
취업 관련	정보 알려 주기 3회 정서적 지지 상담 5회	그저 일해야 한다는 급한 마음만 앞서 있었는데 함께 알아보고 찾아다니면서 전보다 더 많은 것을 알게 되었고, 내가 할 수 있는 일에 대해 더 생각하고 있는 중이다.	6
학교생활 지원	담임선생님 상담 4회 태권도 학원 연결	학교에서 친구가 생겼어요. 나도 이제 잘하는 게 있으니까 손들고 이야기도 하고 그래요. 선생님이 전보다 잘해 주니까 학교에 가고 싶어졌어요. 이제 학교가 좋아요.	8

종결 전 최종 합의한 목표	아이들에게 열심히 사는 부모의 모습을 보여 주면 아이들이 자신감을 가지고 살 수 있을 거예요. 학교에 친구도 생기고요. 그럼 부모 노릇 제대로 한다는 생각이 들어 더 웃으면서 살 수 있을 거예요.	8

※ 종결 시점 변화 내용은 이용자가 직접 한 이야기를 적는다.

※ 달성 정도는 이용자에게 물어서 척도로 표시(1~10)한다. 점수가 높을수록 목표 달성 정도가 높다는 것을 의미한다.

위 내용은 (　　　　)이/가 사례관리자 (　　　　)와/과 합의해서 작성한 것임을 확인합니다.

년　　월　　일

이용자 이름　　　　　　　　　(서명)

사례관리자 이름　　　　　　　(서명)

참고문헌

노혜련(2013). '임파워먼트의 접근과 사회복지실천 적용: 현실진단과 과제'에 대한 토론문. 한국사회복지실천과 임파워먼트 접근: 쟁점과 과제. 2013 한국사회복지실천연구학회 정기학술대회.

노혜련, 유서구, 박화옥, 강미경, 유성은, 김수영(2006). 취약여성가구주 사례관리사업 평가와 운영 방안에 관한 연구. 경기: 보건복지부.

노혜련, 유서구, 박화옥, 김경희, 김수영(2010). 우리아이 희망네트워크 지원사업 평가지표 개발 연구. 서울: 함께 만드는 세상, 숭실대학교.

노혜련, 유서구, 박화옥, 김경희, 김수영(2011). 우리아이 희망네트워크 지원사업 성과평가 연구. 서울: 함께 만드는 세상, 숭실대학교.

노혜련, 유서구, 박화옥, 윤민화(2007). 우리아이 희망네트워크 지원사업 성과 평가 연구. 서울: 한국자원봉사협의회, 숭실대학교.

노혜련, 유서구, 박화옥, 윤민화, 이민영, 김수영(2008). 우리아이 희망네트워크 지원사업 평가와 운영모델개발 연구. 서울: 한국자원봉사협의회, 숭실대학교.

노혜련, 유성은(2007). 강점관점 사례관리의 특성에 관한 연구. 한국가족치료학, 15(1), 75-103.

박선영(2013). 임파워먼트의 접근과 사회복지실천 적용: 현실진단과 과제. 한국사회복지실천과 임파워먼트 접근: 쟁점과 과제. 2013 한국사회복지실천연구학회 정기학술대회.

보건복지부, 솔루션센터(2006). 강점관점 해결중심 사례관리 매뉴얼. 경기: 보건복지부, 솔루션센터.

서울가톨릭사회복지회(2012). CS 강점 및 영성기반 노인통합사례관리 매뉴얼. 서울:

서울가톨릭사회복지회.
우국희, 김영숙, 임효연(2007). 지역사회복지관에서의 사례관리에 대한 사회복지사들의 주관적 경험과 인식. **사회복지정책, 30**, 287-310.
홍선미(2004). 자활사업에서의 사례관리 적용에 관한 탐색적 연구. **한국사회복지학, 56**, 311-326.
황성철(1995). 사례관리(case management)실천을 위한 모형개발과 한국적 적용에 관한 연구. **한국사회복지학, 27**, 275-304.

Anderson, H., & Goolishian, H. (1992). The client is the expert: A not-knowing approach to therapy. In S. McNmee & K. J. Gergen (Eds.), *Therapy as social construction* (pp. 25-39). London: Sage.
Assay, T., & Lambert, M. (2006). The empirical case for the common factors in therapy: Quantitative findings. In M. Hubble, B. Duncan, & S. Miller (Eds.), *The heart and soul of change: What works in therapy* (pp. 23-55). Washington, DC: American Psychological Association.
Bateson, G. (1972). *Steps to an ecology of mind*. New York: Ball-antine.
Bateson, G. (1979). *Mind and nature: A necessary unity*. New York: Dutton.
Berg, I. K. (1994). *Family based services: A solution-focused approach*. New York: Norton & Company.
Berg, I. K., & Dolan, Y. M. (2001). *Tales of solutions*. New York: Norton & Company.
Berg, I. K., & Miller, S. D. (1992). *Working with the problem drinker: A solution-focused approach*. New York: Norton & Company.
Berg, I. K., & Szabó, P. (2013). **해결중심 단기코칭**. (김윤주, 노혜련, 최인숙 공역). 서울: 시그마프레스. (원저는 2005년 출간).
Berg, I. K., & Wheeler, J. (2006). Riding the underground railroad. *Solution News, 2*(3), 3-6.
Blundo, R. (2006). Shifting our habits of mind: Learning to practice from a strengths perspective. In D. Saleebey (Ed.), *The strengths perspective in social work practice* (4th ed., pp. 25-45). Boston, MA: Allyn & Bacon.

Cade, B. (2007). Springs, streams, and tributaries: A history of the brief, solution-focused approach. In T. Nelson & F. Thomas (Eds.), *Handbook of solution-focused brief therapy: Clinical applications* (pp. 25-64). New York: Routledge.

Campbell, J. (2010). Contributions of Steve de Shazer(1940-2005) to brief family therapy. In T. Nelson (Ed.), *Doing something different: Solution-focused brief therapy practices* (pp. 303-307). New York: Routledge.

De Jong, P., & Berg, I. K. (2004). 해결을 위한 면접. (노혜련, 허남순 공역). 서울: 시그마프레스. (원저는 1998년 출간).

De Jong, P., & Miller, S. D. (1995). How to interview for client strengths. *Social Work, 40*, 729-736.

de Shazer, S. (1984). The death of resistance. *Family Process, 23*, 1-17.

de Shazer, S., & Berg, I. K. (1997). What works? Remarks on research aspects of Solution-focused brief therapy. *Journal of Family Therapy, 19*, 121-124.

de Shazer, S., & Molnar, A. (1984). Four useful interventions in brief family therapy. *Journal of Marital and Family Therapy, 10*(3), 297-304.

de Shazer, S., Dolan, Y., Korman, H., Trepper, T., McCollum, E., & Berg, I. K. (2007). *More than miracles: The state of the art of solution-focused brief therapy*. Binghamtom, NY: The Haworth Press.

Erickson, M. (1967). Special techniques of brief hypnotherapy. In J. Haley (Ed.), *Advanced techniques of hypnosis and therapy: Selected papers of Milton H. Erickson, M. D.* New York: Grune & Stratton.

Gingerich, W. J., & Peterson, L. (2013). Effectiveness of solution-focused brief therapy: A systematic qualitative review of controlled outcome studies. *Research on Social Work Practice, 23*, 266-283.

Greene, G., Kondrat, D., Lee, M., Clement, J., Siebert, H., Mentzer, R., & Pinnel, S. (2006). A solution focused approach to case management and recovery with consumers who have a severe mental disability. *Families in Society, 86*(7), 339-350.

Haley, J. (1976). *Problem-solving therapy: New strategies for effective family therapy*. San Francisco, CA: Jossey-Bass.

Haley, J. (1986). *Uncommon therapy: The psychiatric techniques of Milton H. Erickson*. New York: Norton & Company.

Hepworth, D., & Larsen, J. (1990). *Direct social work practice: Theory and skills* (3rd ed.). Belmont, CA: Wadsworth.

Hepworth, D., & Larsen, J. (1993). *Direct social work practice: Theory and skills* (4th ed.). Belmont, CA: Brooks/Cole.

Jackson, P., & McKergow, M. (2004). 성공한 CEO는 단순하게 해결한다: 해결안 중심 접근법. (신광권, 유왕진, 김정열 공역). 서울: 지상사. (원저는 2002년 출간).

Mahlberg, K., & Sjoblom, M. (2004). *Solution-focused education for a happier school*. Sweden: Mahlberg & Sjoblom.

Malinen, T. (2001). *From think tank to new therapy: The process of solution-focused theory and practice development*. Retrieved from http://www.tathata.fi/artik_eng/thinktank.htm

Mead, G. (1934). *Mind, self and society*. Chicago: University of Chicago Press.

Miller, G. (1997). *Becoming miracle workers: Language and meaning in brief therapy*. New York: Aldine de Gruyter.

Petr, C. (2004). *Social work with children and their families: Pragmatic foundations*. New York: Oxford University Press.

Rapp, C. (1998). *The strengths model: Case management with people suffering from severe and persistent mental illness*. New York: Oxford University Press.

Rapp, C., & Chamberlain, R. (1985). Case management services for the chronically mentally ill. *Social Work, 26*, 417-422.

Rapp, R. (2006). Strengths-based case management: Enhancing treatment for persons with substance abuse problems. In D. Saleebey (Ed.), *The strengths perspective in social work practice* (4th ed., pp. 128-147). Boston, MA: Allyn & Bacon.

Saleebey, D. (1992). *The strengths perspective in social work practice.* White Plains, NY: Longman.

Saleebey, D. (2006). Introduction: Power in the people. In D. Saleebey (Ed.), *The strengths perspective in social work practice* (4th ed., pp. 1-24). Boston, MA: Allyn & Bacon.

Visser, C. (2009). T*he think tank that created the solution-focused approach: Interview with Eve Lipchik.* Retrieved from http://interview scoertvisser.blogspot.nl

Visser, C. (2013). The origin of solution focused therapy. *International Journal of Solution-Focused Practices, 1*(1), 10-17.

Weick, A., Kreider, J., & Chamberlain, R. (2006). Solving problems from a strengths perspective. In D. Saleebey (Ed.), *The strengths perspective in social work practice* (4th ed., pp. 116-127). Boston, MA: Allyn & Bacon.

Weick, A., Rapp, C., Sullivan, P., & Kisthardt, W. (1989). A strengths perspective for social work Practice. *Social Work, 34*(4), 350-354.

dictionary.com(http://dictionary.reference.com/browse/frame+of+ reference)

찾아보기

인명

내용

저자 소개

노혜련(Noh Helen)

현재 숭실대학교 사회복지학부 교수로 재직하고 있다. 이화여자대학교 사회사업학과를 졸업하고, University of California, Berkeley에서 석사와 박사 학위를 받았다. 주요 저서로 『예방과 통합의 관점에서 본 아동복지론』(공저, 학지사, 2015), 『사회복지사의 희망 이야기』(공저, 학지사, 2010), 『학생권리와 학교사회복지』(공저, 한울, 2009) 등이 있고, 주요 역서로는 『해결중심 학교 만들기: 학교폭력 예방과 대책』(공역, 신정, 2016), 『해결을 위한 면접』(공역, 박학사, 2014), 『해결중심 단기코칭』(공역, 시그마프레스, 2011), 『도덕철학의 기초』(공역, 나눔의집, 2006) 등이 있다.

김윤주(Kim Yunjoo)

현재 솔루션센터 대표이며, 해결중심 훈련기관 국제연합(Interna-tional Alliance of Solution-Focused Teaching Institutes)의 훈련가로 해결중심 접근을 실천하면서 실천가 훈련과 슈퍼비전, 자문을 하고 있다. 연세대학교 심리학과를 졸업하고, 가톨릭대학교 사회복지학과에서 석사 학위를 받았다. 주요 저서로 『학교에서 실천하는 해결중심 접근』(솔루션센터 홈페이지 e-book, 2019), 『가정위탁 서비스 실천 핸드북』(보건복지가족부, 중앙가정위탁지원센터, 2009), 『강점관점 해결중심 사례관리 매뉴얼』(공저, 보건복지부, 2006) 등이 있고, 주요 역서로는 『해결중심 학교 만들기: 학교폭력 예방과 대책』(공역, 신정, 2016), 『아동보호서비스의 새로운 패러다임』(공역, 학지사, 2013) 등이 있다.

강점관점 해결중심 사례관리(2판)

Strength-Based, Solution-Focused Case Management(2nd ed.)

2014년 9월 25일 1판 1쇄 발행
2019년 2월 19일 1판 5쇄 발행
2020년 2월 25일 2판 1쇄 발행
2023년 6월 20일 2판 3쇄 발행

지은이 • 노혜련 · 김윤주
펴낸이 • 김 진 환
펴낸곳 • (주) 학지사
04031 서울특별시 마포구 양화로 15길 20 마인드월드빌딩 5층
대표전화 • 02) 330-5114 팩스 • 02) 324-2345
등록번호 • 제313-2006-000265호
홈페이지 • http://www.hakjisa.co.kr
페이스북 • https://www.facebook.com/hakjisabook

ISBN 978-89-997-2028-4 93330

정가 15,000원

저자와의 협약으로 인지는 생략합니다.
파본은 구입처에서 교환하여 드립니다.